12, avenue d'Italie - PARIS XIIIᵉ

*Du même auteur
dans la collection 10/18*

LE BLEU DU CIEL, n° 465.
LES LARMES D'ÉROS, n° 1264.
MADAME EDWARDA, LE MORT,
HISTOIRE DE L'ŒIL, n° 781.

MA MÈRE

Roman

PAR

GEORGES BATAILLE

10|18

« Domaine français »
dirigé par Jean-Claude Zylberstein

JEAN-JACQUES PAUVERT

Si vous désirez être régulièrement tenu au courant
de nos publications, écrivez-nous en nous précisant le titre de
l'ouvrage dans lequel est insérée cette annonce ainsi que votre âge :

Éditions 10/18
12, avenue d'Italie
75627 Paris Cedex 13

© Jean-Jacques Pauvert éditeur, 1996.
ISBN 2-264-00565-3

Les familiers de Georges Bataille savaient depuis longtemps que Madame Edwarda *devait avoir, sinon une suite, disons un prolongement. Ce qui était généralement ignoré, c'est que* Madame Edwarda *devait faire partie d'un ensemble de quatre textes, et que l'un d'eux était au moment de la mort de Georges Bataille, rédigé, corrigé, et prêt, dans sa quasi totalité, à l'impression. C'est ce texte que nous présentons aujourd'hui.*
L'examen des papiers laissés par Georges Bataille n'étant pas terminé, il est difficile de définir la présentation exacte qu'il voulait donner à cet ensemble. Le titre même n'en est pas certain. Un feuillet manuscrit, sorte de projet pour une page de titre, porte en effet ces mentions dont nous respectons la disposition :

Pierre Angelici[1]

Madame Edwarda
I

Divinus Deus
II

Ma Mère
III [2]

suivi de
Paradoxe sur l'Érotisme
par
Georges Bataille

C'est bien dans cet ordre que l'on trouve les manuscrits dont nous avons extrait Ma Mère. *Mais avec cette différence que* Divinus Deus, *au lieu de* Madame Edwarda, *devient ici le titre général, présenté seul sur une page en gros caractères, alors que les textes qui suivent comportent chacun une page de titre : I*, Madame Edwarda ; *II*, Ma Mère. *Troisième partie*, Charlotte d'Ingerville, *(cette « troisième partie » étant d'ailleurs réduite à trois pages de début où nous voyons Pierre, après la mort de sa mère, faire la rencontre d'une amie de celle-ci, Charlotte d'Ingerville). Suivent 236 feuillets de notes, variantes, et ébauches diverses se rapportant aux trois parties, et 15 feuillets de notes concernant le* Paradoxe sur l'Érotisme *qui devait clore le livre.*

---

1. On sait que de son vivant, « Pierre Angélique » a toujours été le pseudonyme choisi par Bataille pour la publication de *Madame Edwarda*.

2. Ici un blanc. Sans doute *Charlotte d'Ingerville*,

Le manuscrit de Ma Mère *occupe 91 feuillets, numérotés de 22 à 112, plus la page de titre. Il est, comme nous l'avons dit, corrigé et prêt pour l'impression jusqu'au feuillet 97, page 194 de notre édition. A cet endroit le texte devient confus, surchargé, et présente souvent plusieurs versions d'un même passage. Après beaucoup d'hésitation, nous nous sommes arrêtés au parti de donner un résumé (pages 194-195) des feuillets les moins lisibles, en rétablissant de temps à autre les passages clairs.*

Telle qu'elle peut se présenter ici, cette œuvre inconnue nous a semblée indispensable aux lecteurs, nous allions dire aux amis, de Georges Bataille.

LA VIEILLESSE RENOUVELLE LA TERREUR A L'INFINI. ELLE RAMENE L'ETRE SANS FINIR AU COMMENCEMENT. LE COMMENCEMENT QU'AU BORD DE LA TOMBE J'ENTREVOIS EST LE *PORC* QU'EN MOI LA MORT NI L'INSULTE NE PEUVENT TUER. LA TERREUR AU BORD DE LA TOMBE EST DIVINE ET JE M'ENFONCE DANS LA TERREUR DONT JE SUIS L'ENFANT.

— Pierre !
Le mot était dit à voix basse, avec une douceur insistante.
Quelqu'un dans la chambre voisine m'avait-il appelé ? assez doucement, si je dormais, pour ne pas m'éveiller ? Mais j'étais éveillé. M'étais-je éveillé de la même façon qu'enfant, lorsque j'avais la fièvre et que ma mère m'appelait de cette voix craintive ?
A mon tour, j'appelai : personne n'était auprès de moi, personne dans la chambre voisine.
Je compris à la longue que, dormant, j'avais entendu mon nom prononcé dans mon rêve et que le sentiment qu'il me laissait demeurerait insaisissable pour moi.

J'étais enfoncé dans le lit, sans peine et sans plaisir. Je savais seulement que cette voix durant les maladies et les longues fièvres de mon enfance m'avait appelé de la même façon : alors une menace de mort suspendue sur moi donnait à ma mère, qui parlait, cette extrême douceur.
J'étais lent, attentif, et lucidement je m'éton-

nais de ne pas souffrir. Cette fois le souvenir, brûlant d'intimité, de ma mère, ne me déchirait plus. Il ne se mêlait plus à l'horreur de ces rires graveleux que souvent j'avais entendus.

En 1906, j'avais dix-sept ans lorsque mon père mourut.

Malade, j'avais longtemps vécu dans un village, chez ma grand-mère, où parfois ma mère venait me rejoindre. Mais j'habitais alors Paris depuis trois ans. J'avais vite compris que mon père buvait. Les repas se passaient en silence : rarement mon père commençait une histoire embrouillée que je suivais mal, que ma mère écoutait sans mot dire. Il ne finissait pas et se taisait.

Après dîner, j'entendais fréquemment de ma chambre une scène bruyante, inintelligible pour moi, qui me laissait le sentiment que j'aurais dû venir en aide à ma mère. De mon lit, je prêtais l'oreille à des éclats de voix mêlés au bruit de meubles renversés. Parfois je me levais et, dans le couloir, j'attendais que le bruit s'apaisât. Un jour la porte s'ouvrit : je vis mon père rouge, vacillant, semblable à un ivrogne des faubourgs, insolite dans le luxe de la maison. Jamais mon père ne me parlait qu'avec une sorte de tendresse, en des mouvements aveugles, puérils presque de tremblement. Il me terrifiait. Je le surpris une autre fois, traversant les salons : il bousculait les sièges et ma mère à demi dévêtue le fuyait : mon père était lui-même en pans de chemise. Il rattrapa ma mère : ensemble, ils tombèrent en criant. Je disparus et je compris alors que j'aurais dû rester chez moi. Un beau jour, égaré, il ouvrit la porte de ma chambre : il se tint sur le seuil une bouteille à la main ; il me vit, la bouteille lui échappant se brisa et l'alcool coula.

Un moment, je le regardai : il se prit la tête dans les mains après le bruit ignoble de la bouteille ; il se taisait, mais je tremblais.

Je le détestais si pleinement qu'en toutes choses je pris le contrepied de ses jugements. En ce temps-là je devins pieux au point d'imaginer que j'entrerais plus tard en religion. Mon père était alors un anticlérical ardent. Je ne renonçai à l'état religieux qu'à sa mort afin de vivre avec ma mère, devant laquelle j'étais perdu d'adoration. Je croyais que ma mère était comme, dans ma niaiserie, je pensais qu'étaient toutes les femmes, qu'elle était ce que seule une vanité de mâle empêchait d'être, attachée à la religion. N'allais-je pas le dimanche à la messe avec elle ? Ma mère m'aimait : entre elle et moi, je croyais à l'identité des pensées et des sentiments, que seule troublait la présence de l'intrus, de mon père. Je souffrais, il est vrai, de ses sorties continuelles, mais comment n'aurais-je pas admis qu'elle tentât par tous les moyens d'échapper à l'être abhorré ?

Je m'étonnais sans doute que, durant les absences de mon père, elle ne cessât pas de sortir. Mon père faisait souvent de longs séjours à Nice où je savais qu'il faisait la noce, jouait et buvait comme d'habitude. J'aurais aimé dire à ma mère avec quelle joie j'apprenais l'imminence de ses départs ; ma mère avec une étrange tristesse refusait la conversation, mais j'étais sûr qu'elle n'était pas moins heureuse que moi. Il partit en dernier pour la Bretagne, où sa sœur l'avait invité : ma mère devait l'accompagner, mais elle avait, au dernier moment, pris le parti de rester. J'étais si gai lors du dîner, mon père parti, que j'osai dire à ma mère ma joie de rester seul avec elle : à ma surprise, elle en sembla ravie, plaisantant plus que de raison.

Je venais alors de grandir. Soudain j'étais un homme : elle me promit de m'emmener bientôt dans un restaurant gai.

— J'ai l'air assez jeune pour te faire honneur,

me dit-elle. Mais tu es si bel homme qu'on te prendra pour mon amant.

Je ris, car elle riait, mais je restai soufflé. Je ne pouvais croire que ma mère eût dit le mot. Il me sembla qu'elle avait bu.

Je n'avais jamais aperçu, jusque-là, qu'elle buvait. Je devais vite comprendre qu'elle buvait chaque jour de la même façon. Mais elle n'avait pas ce rire en cascade, ni cette joie de vivre indécente. Elle avait au contraire une douceur triste, attachante, qui la renfermait sur elle-même ; elle avait la mélancolie profonde que je liais à la méchanceté de mon père, et cette mélancolie décidait du dévouement de toute ma vie.

Elle partit au dessert et je restai déçu. Ne se moqua-t-elle pas de mon chagrin ? Ma déception dura les jours suivants. Ma mère ne cessa pas de rire — et de boire — et surtout de s'en aller. Je restai seul à travailler. En ce temps-là, je suivais des cours, j'étudiais et, de la même façon que j'aurais bu, je m'enivrais de travail.

Un jour ma mère ne sortit pas comme d'habitude à la fin du déjeuner. Elle riait avec moi. Elle s'excusait de n'avoir pas tenu sa promesse et de ne pas m'avoir emmené, comme elle disait, en « partie fine ». Ma mère, jadis si grave, qui donnait à la voir un pénible sentiment, celui d'un soir d'orage, m'apparaissait soudain sous un aspect nouveau : celui d'une jeune évaporée. Je savais qu'elle était belle : autour d'elle je l'entendais depuis longtemps dire à l'envi. Mais je ne lui connaissais pas cette coquetterie provocante. Elle avait trente-deux ans et, je la regardais, son élégance, son allure me renversaient.

— Je t'emmène demain, me dit-elle. Je t'embrasse. A demain soir, mon bel amant !

Là-dessus, elle rit sans retenue, mit son chapeau, ses gants et me fila pour ainsi dire entre les doigts.

Je pensai, quand elle fut partie, qu'elle avait une beauté, qu'elle avait un rire diaboliques.

Ce soir-là ma mère ne dîna pas à la maison.

Le lendemain, de très bonne heure, j'allais suivre un cours : j'étais préoccupé, quand je rentrai, de l'objet de mes études. La femme de chambre en ouvrant me prévint que ma mère m'attendait dans sa chambre. Elle était sombre et me dit aussitôt :

— J'ai de mauvaises nouvelles de ton père.

Je demeurai debout, sans mot dire.

— Ç'a été subit, dit ma mère.

— Il est mort ? demandai-je.

— Oui, fit-elle.

Elle resta un temps silencieuse et poursuivit.

— Nous prenons tout à l'heure un train pour Vannes. Nous irons en voiture de la gare de Vannes à Segrais.

Je demandai seulement de quoi mon père venait ainsi, subitement, de mourir. Elle me le dit et se leva. Elle eut un geste d'impuissance. Elle était fatiguée, un poids semblait peser sur ses épaules, mais elle ne dit rien de ses sentiments, sinon :

— Si tu parles à Robert ou à Marthe, n'oublie pas qu'en principe, la douleur devrait t'accabler. C'est le sentiment des excellentes gens qui nous servent que nous devrions être en larmes. Inutile de pleurer, mais baisse les yeux.

Je compris que mon apaisement énervait ma mère, dont la voix s'élevait durement. Je la regardai fixement. Je m'étonnais de la voir vieillie. Je m'étonnais, j'étais désemparé. Pouvais-je cacher la pieuse jubilation qui, sourdement, contrariait la tristesse conventionnelle liée à la venue sournoise de la mort ? Je ne voulais pas que ma mère vieillît, je voulais la voir délivrée de son bourreau comme de la gaîté folle où elle se réfugiait, qui faisait mentir son visage. Je voulais être heureux, j'aurais même voulu que le deuil où le sort nous enfermait communiquât à notre bonheur cette tristesse d'enchantement qui fait la douceur de la mort...

Mais je baissai la tête : la phrase de ma mère ne me donnait pas seulement de la honte. J'avais le sentiment d'être mouché. Je pensai que, du moins, de dépit, autant que de rage risible, j'allais pleurer. Et comme enfin la mort appelle les larmes les plus sottes, quand je parlai aux domestiques de notre malheur, je pleurai.

Le bruit du fiacre, enfin celui du train, nous permirent heureusement de nous taire.

Un demi-sommeil me gagnait et me permettait d'oublier.

J'étais seulement préoccupé de ne plus énerver ma mère. Toutefois, je lui proposai de passer la nuit à l'hôtel de Vannes. Elle avait dû par télégramme annoncer pour le lendemain notre arrivée, car elle accepta sans mot dire. Au restaurant, puis à la gare, nous parlâmes à la fin de choses et d'autres. Mon embarras, et mon enfantillage, malgré moi devenaient sensibles. Je ne vis pas que ma mère buvait. Mais elle demanda une seconde bouteille et je compris. Alarmé, je baissai les yeux. Quand je levai les yeux, le regard de ma mère m'opposa une dureté qui m'atterra. Elle emplit son verre ostensiblement. Elle attendait l'instant maudit qu'appelait ma sottise. Elle ne supportait plus depuis longtemps...

Dans ce regard, où la fatigue pesait, une larme brilla.

Elle pleurait et les larmes glissèrent le long des joues.

— Maman, m'écriai-je, n'est-ce pas mieux pour lui ? Pour toi aussi ?

— Tais-toi ! dit-elle sèchement.

Elle était hostile devant moi, comme si la haine parlait en elle.

Je repris, je balbutiai :
— Maman, tu sais bien que, de toute façon, c'est mieux pour lui.
Elle buvait vite. Elle eut un sourire inintelligible.
— Dis-le : je lui faisais une vie abominable.
Je comprenais mal et je protestai.
— Il est mort et nous ne devons rien dire de lui. Mais ta vie était difficile.
— Qu'en sais-tu ? reprit-elle.
Elle ne cessait pas de sourire. Elle ne me voyait plus.
— Tu ne sais rien de ma vie.
Elle était résolue à briser. Déjà la deuxième bouteille était vide.
Le garçon s'approcha, nous servit. Il y avait dans la salle une odeur triste, dégradante, la nappe était tachée de rouge. Il faisait chaud.
— Ça sent l'orage, dit le garçon.
Personne ne lui répondit.
Je me dis (je tremblais devant ma mère) : « Comment pourrais-je la condamner ? ».
Et je souffrais d'avoir douté d'elle un instant. Je rougis, j'essuyai mon front, la sueur y perlait.
Le visage de ma mère acheva de se fermer. Soudain ses traits se déformèrent. Comme une cire coule, ils mollissaient, un instant la lèvre inférieure entra dans la bouche.
— Pierre, me dit-elle, regarde-moi !
Ce visage mobile — et fuyant — se chargeait : un sentiment d'horreur s'en dégagea. Elle opposait un vain effort au délire qui la gagnait. Elle parla, à mesure, lentement ; ses traits s'étaient figés dans la folie.
Ce que ma mère disait me déchira. Sa solennité et surtout, plus terrible, sa hideuse grandeur me saisirent. J'écoutais accablé.
— Tu es trop jeune, dit-elle, et je ne devrais pas te parler, mais tu dois à la fin te demander si ta mère est digne du respect que tu lui montres. Maintenant, ton père est mort et je

suis fatiguée de mentir : *je suis pire que lui !*

Elle sourit d'un sourire fielleux, d'un sourire démenti. Elle tirait des deux mains le col de sa robe et l'écartait. Nulle indécence ne se mêlait à ce geste où seule s'exprimait la détresse.

— Pierre, reprit-elle, toi seul as pour ta mère un respect qu'elle ne mérite pas. Ces hommes qu'un jour tu trouvas au salon, ces gommeux, que penses-tu qu'ils étaient ?

Je ne répondis pas, je n'y avais pas prêté d'attention.

— Ton père le savait, lui. Ton père était d'accord. En ton absence, ces idiots n'avaient plus de respect pour ta mère... Regarde-la !

Le sourire hideux, le sourire égaré de ma mère était le sourire du malheur.

Ma mère m'aimait : pouvait-elle à la fin supporter la sottise à laquelle ma piété — et ses mensonges — m'avaient réduit ?

Plus tard, elle devait me dire ce mot de mon père : « Mets tout sur mon dos ». Ce fut le souhait de mon père, comprenant qu'à mes yeux ma mère était inattaquable, qu'elle dût à tout prix le rester. Sa mort rendait la convention intolérable. Et dans le désarroi qui suivit elle céda à la tentation de se montrer immonde à mes yeux, comme elle aimait se montrer telle toutes les fois qu'elle s'abandonnait.

— Je voudrais, me disait le mot qu'en prenant un poison elle me laissa, que tu m'aimes jusque dans la mort. De mon côté, je t'aime à l'instant dans la mort. Mais je ne veux de ton amour que si tu sais que je suis répugnante, et que tu m'aimes en le sachant.

Effondré, ce jour-là, je quittai la salle à manger, je montai dans la chambre en sanglots.

La fenêtre ouverte, un moment, sous le ciel orageux, j'écoutai les jets de vapeur, les sifflets et le halètement des locomotives. Je m'adressai debout à ce Dieu qui, dans mon cœur, me déchirait, et que ce cœur en se brisant ne pouvait contenir. Il me sembla dans mon angoisse que le vide m'envahissait. J'étais, moi, trop petit, trop minable. Je n'étais pas à la mesure de ce qui m'accablait, de l'horreur. J'entendis le tonnerre tomber. Je me laissai glisser sur le tapis. Il me vint à la fin l'idée, me plaçant sur le ventre, d'ouvrir les bras en croix dans l'attitude du suppliant.

Bien plus tard j'entendis ma mère entrer dans sa chambre. Je me souvins d'avoir laissé la porte ouverte entre cette chambre et la mienne. J'entendis le pas s'approcher et doucement la porte se ferma. La porte en se fermant me rendait à la solitude mais rien, me semblait-il, ne pourrait désormais m'en sortir et je restai à terre, laissant en silence mes larmes couler.

Le long bruit du tonnerre se déroulait sans déranger la somnolence qui me gagnait. Tout à coup, la porte s'ouvrit, le coup de foudre plus violent m'avait en sursaut réveillé. Le fracas d'une averse m'étourdissait. Dans ma chambre, j'entendis ma mère entrer nu-pieds. Elle hésitait, mais je n'eus pas le temps de me lever. Elle ne me vit ni dans mon lit ni dans ma chambre et cria :

— Pierre !

Elle buta sur moi. Je me relevai. Je la pris dans mes bras. Nous avions peur et nous pleurions. Nous nous couvrions de baisers. Sa chemise aux épaules avait glissé, si bien que, dans mes bras, je serrai son corps demi-nu. Un paquet de pluie, par une fenêtre, l'avait trempée : dans l'ivresse, les cheveux défaits, elle ne savait plus ce qu'elle disait.

J'aidai cependant ma mère à s'asseoir.

Elle continuait de parler follement, mais la chemise en place, elle était de nouveau décente.

Elle me souriait dans ses larmes, mais elle

était pliée par la souffrance et, comme si elle allait vomir, elle se tenait le cœur.

— Tu es gentil, me disait-elle. Je ne te méritais pas. J'aurais dû tomber sur un butor, qui m'aurait outragée. Je l'aurais préféré. Ta mère n'est à l'aise que dans la fange. Tu ne sauras jamais de quelle horreur je suis capable. J'aimerais que tu le saches. J'aime ma fange. Je finirai par vomir aujourd'hui : j'ai trop bu, je serai soulagée. Je ferais le pire devant toi et je serais pure à tes yeux.

Elle eut alors ce « rire graveleux » dont je reste fêlé.

J'étais debout, les épaules et la tête basses.

Ma mère s'était levée : elle se dirigea vers sa chambre. Elle eut encore un éclat de rire qui sonna faux, mais elle se retourna et, bien que son pas fût incertain, elle me prit aux épaules et me dit :

— Pardon !

Puis à voix basse :

— Tu dois me pardonner : je suis abominable et j'ai bu. Mais je t'aime et je te respecte et je n'en pouvais plus de mentir. Oui, ta mère est répugnante et, pour le surmonter, il te faudra beaucoup de force.

A la fin, à grand-peine, elle prit sur elle de dire en une sorte de sursaut :

— J'aurais pu t'épargner, te mentir, je t'aurais pris pour un niais. Je suis une mauvaise femme, une débauchée et je bois, mais tu n'est pas un lâche. Pense au courage qu'il m'a fallu pour te parler. Si j'ai bu cette nuit sans finir, c'était pour m'aider, et peut-être aussi, c'était pour t'aider. Maintenant, aide-moi, mène-moi dans ma chambre à mon lit.

Cette nuit-là ce fut une vieille femme accablée que je reconduisis. Je me trouvais moi-même, hébété, chancelant, dans un monde glaçant.

J'aurai voulu, si j'avais pu, me laisser mourir.

De l'enterrement de mon père, de la maison de famille à l'église, puis au cimetière de Segrais, je me souviens comme d'un temps vide auquel la substance manquait. Dans ses longs voiles de veuve, ma mère, et tout le mensonge des prêtres, dont le devoir était, puisqu'il s'agissait d'un impie, de ne pas chanter... Cela n'importait pas et les voiles de ma mère, qui, malgré moi, par ce qu'ils voilaient d'immonde m'incitaient à rire, ne m'importaient pas davantage. J'étais écartelé, je perdais la tête.

J'avais compris que la malédiction, que la terreur, se faisait chair en moi.

J'avais cru que la mort de mon père me rendait la vie, mais ce semblant de vie dans mes vêtements noirs me faisait à présent trembler. Il n'y avait en moi qu'un désordre fulgurant, auprès duquel il n'était rien qui désormais, ne dût pas m'être indifférent. Dans la profondeur de mon dégoût, je me sentis semblable à DIEU. Qu'avais-je à faire en ce monde mort, sinon d'oublier la fulguration qui m'avait aveuglé quand ma mère était dans mes bras ? Mais je savais déjà : je n'oublierais jamais.

DIEU est l'horreur en moi de ce qui fut, de ce qui est et de ce qui sera si HORRIBLE qu'à tout prix je devrais nier et crier à toute force que je nie que cela fut, que cela est ou que cela sera, mais je mentirai.

Ma détresse fut si grande, au retour de Segrais, que je m'alitai, me disant malade. Le médecin vint, m'examina. Ma mère entra dans ma chambre et le « rien de sérieux », le haussement d'épaules de la conclusion me délivrèrent. Mais je restai au lit, prenant mes repas dans ma chambre.

Puis je me dis qu'à m'obstiner, je ne pouvais gagner que peu de temps. Je m'habillai et je frappai à la porte de ma mère.

— Je ne suis pas malade, lui dis-je.
— Je le savais, dit-elle.

Mon regard la défiait mais je vis dans ses yeux un orage et une hostilité qui me terrifièrent.

— Je me lèverai maintenant. Je déjeunerai, si tu permets, dans la salle à manger.

Elle me dévisagea. Sa parfaite dignité, son aisance répondait mal au terrible sentiment que j'éprouvais. Mais il y avait en elle, lié à cette chaleur d'orage qui la grandissait, un mépris intolérable pour moi.

Sans doute compensait-elle ainsi la honte dont

elle avait à Vannes voulu s'accabler. Mais je devais depuis mesurer plus d'une fois ce mépris souverain qu'elle avait pour ceux qui ne l'acceptaient pas comme elle était.

Elle me dit dans un calme parfait qui dissimulait mal son impatience :

— Je me réjouis de te voir. Avant que le médecin l'ait confirmé, je savais que ta maladie était feinte. Je te l'ai dit : ce n'est pas en fuyant que tu surmonteras. Avant tout, tu devras commencer par ne plus me fuir. Je sais que tu n'as pas cessé de me respecter profondément, mais je n'admettrai pas qu'une sorte de folie s'introduise entre toi et moi. Je te demanderai de me témoigner ce respect aussi entièrement que par le passé. Tu dois rester le fils soumis de celle dont tu connais l'indignité.

— Je craignais, répondis-je, que tu ne visses l'irrespect dans le malaise que j'ai devant toi. Je n'ai pas la force de supporter. Je suis si malheureux. Je n'ai plus la tête à moi.

Doucement mes larmes coulaient. Je continuai :

— C'est peu de dire que je suis malheureux. J'ai peur.

Ma mère me répondit avec cette dureté hostile et orageuse qui m'avait frappé lorsque j'entrai, qui avait quelque chose d'angoissant.

— Tu as raison. Mais tu n'en sortiras qu'en bravant ce dont tu as peur. Tu vas reprendre ton travail et d'abord tu vas m'aider. Je dois, après la disparition de ton père, ranger dans la maison le désordre qu'il a laissé. Je te demanderai, si tu veux bien, de te reprendre et de ranger dans son bureau le chaos des livres et des papiers. Je n'en ai pas le courage et je ne veux pas le supporter plus longtemps. Je dois sortir, d'ailleurs.

Elle me demanda de l'embrasser.

Elle était rouge, elle avait, comme on dit, le visage en feu.

Devant moi elle mit avec soin son chapeau

auquel pendait un voile de veuve. Je vis à ce moment qu'elle était décolletée et fardée et que le deuil soulignait sa beauté comme une indécence.

— Je devine ta pensée, me dit-elle encore. J'ai décidé de ne plus t'épargner. Je ne changerai pas mes désirs. Tu me respecteras telle que je suis : je ne me cacherai de rien devant toi. Je suis heureuse enfin de ne plus me cacher devant toi.

— Maman, m'écriai-je avec feu, rien de ce que tu peux faire ne changera le respect que j'ai pour toi. Je te le dis en tremblant mais, tu l'as compris, je te le dis de toute ma force.

De la hâte avec laquelle elle me quitta, je ne pouvais savoir si elle était due au désir de l'amusement qu'elle allait chercher, ou au regret de la tendresse que je lui montrais jusque-là. Je ne mesurais pas encore les ravages que l'habitude du plaisir avaient faits dans son cœur. Mais dès lors je tournais en cercle fermé. Je pouvais d'autant moins m'indigner que jamais, en effet, je ne cessai d'adorer ma mère et de la vénérer comme une sainte. Cette vénération, j'admettais que je n'avais plus de raison de l'avoir, mais jamais je ne pus m'en défendre. Ainsi vivais-je en un tourment que rien ne pouvait apaiser, dont seule me sortiraient la mort et le malheur définitif. Que je cède à l'horreur de la débauche où je savais maintenant que ma mère se complaisait, aussitôt le respect que j'avais d'elle faisait de moi-même et non d'elle un objet d'horreur. A peine revenais-je à la vénération, je devais me dire à n'en pas douter que sa débauche me donnait la nausée.

Mais j'ignorais quand elle sortit, et que je dus me dire où elle courait, le piège infernal qu'elle m'avait tendu. Je le compris beaucoup plus tard. Alors, dans le fond de la corruption et de la terreur, je ne cessai pas de l'aimer : j'entrai dans ce délire où il me sembla me perdre en DIEU.

J'étais dans le cabinet de travail de mon père : un désordre odieux y régnait. Le souvenir de son insignifiance, de sa sottise, de ses prétentions m'étouffait. Je n'avais pas alors le sentiment de ce qu'il fut sans doute : un bouffon, plein de charmes inattendus, et de manies malades, mais toujours délicieux, toujours prêt à donner ce qu'il avait.

J'étais né des amours qu'il avait eues avant mariage avec ma mère, qui avait quatorze ans. La famille avait dû marier les deux jeunes monstres et le monstre le plus petit avait grandi dans le chaos qui régnait chez eux. Leur richesse avait pourvu à bien des choses, mais rien dans la bibliothèque de mon père n'avait limité un fouillis que la mort avait parfait, qu'elle avait livré à la poussière. Jamais je n'avais vu ce cabinet en tel état. Des papiers de réclame ou de comptes amoncelés, des flacons de pharmacie, des melons gris, des gants, de nombreux boutons, des bouteilles d'alcool et des peignes sales se mêlaient aux livres les plus divers et les moins pourvus d'intérêt. J'ouvris les volets et les mites, au soleil, sortirent du feutre des melons. Je me décidai à dire à ma mère qu'un balai seul pouvait ranger ce dont le désordre était la seule fin, mais je ne pouvais le faire avant d'avoir regardé de plus près. Je devais préserver s'il en était les objets de quelque valeur. Je trouvai en effet un petit nombre de très beaux livres. Je les retirai, les rangées s'effondraient et dans le surcroît que j'introduisis de poussière et de fatras, je me sentis dans le dernier état de l'affaissement. Je fis alors une découverte singulière. Derrière les livres, dans les armoires vitrées que mon père maintenait fermées, mais dont ma mère m'avait donné les clés, je trouvai des piles de photographies. La plupart était poussiéreuses. Mais je vis rapidement qu'il s'agissait d'incroyables obscénités. Je rougis, je grinçai des dents et je dus m'asseoir, mais j'avais dans les mains quelques-unes de ces répugnantes images. Je voulus fuir, mais je devais de toute façon les jeter, les faire disparaître avant le retour de ma mère. Je devais au plus vite en faire un tas et les brûler. Fébrilement, j'entassai, je formai des piles. Des tables sur lesquelles je les formai, des piles trop hautes tombèrent, et je regardais le désastre : par dizaines, éparpillées, ces images jonchaient le tapis, ignobles et cependant troublantes. Pouvais-je lutter contre cette marée qui montait ? Dès l'abord j'avais ressenti ce renversement intime, brûlant et involontaire qui me désespéra quand ma mère, demi-nue, se jeta dans mes bras. Je les regardais en tremblant, mais je faisais durer le tremblement. Je perdis la tête et je fis sauter les piles en gestes d'impuissance. Mais je devais les ramasser... Mon père, ma mère et ce marécage de l'obscénité... : de désespoir, je décidai d'aller au bout de cette horreur. Déjà je me saisissais comme un singe : je m'enfermai dans la poussière et me déculottai.

La joie et la terreur nouèrent en moi le lien qui m'étrangla. Je m'étranglais et je râlais de volupté. Plus ces images me terrifiaient, plus je jouissais de les voir. En quoi, suivant les alarmes, les fièvres, les suffocations de ces derniers jours, ma propre ignominie aurait-elle pu me révolter ? Je l'appelais et je la bénissais. Elle était mon sort inévitable : ma joie était d'autant plus grande que, longtemps, je n'avais opposé à la vie que le parti pris de souffrir et qu'en jouissant je ne cessais pas de m'avilir et d'entrer plus avant dans ma déchéance. Je me sentais perdu, je me souillais devant les cochonneries où mon père — et peut-être ma mère — s'étaient vautrés. C'était bon pour le salaud que je deviendrais, né de l'accouplement du porc et de la truie.

La mère, me dis-je, est tenue de faire ce qui donne aux enfants ces terribles soubresauts.

A terre s'étalaient devant moi ces impudeurs multipliées.

De grands hommes à fortes moustaches, vêtus de jarretières et de bas de femmes rayés[1] se ruaient sur d'autres hommes ou sur des filles, dont les unes, épaisses, me faisaient horreur. Mais certaines, la plupart, me ravissaient : leurs répugnantes postures avivaient mon ravissement. Dans cet état de spasme et de malheur, l'une d'elles, dont j'avais l'image en main (je m'étais allongé sur le tapis appuyé sur un coude, je souffrais, et la poussière m'avait souillé), me parut si belle (elle était sous un homme, renversée, la tête en arrière, et ses yeux s'égaraient) que ces mots : « la beauté de la mort », me passant par l'esprit, s'imposant à moi, provoquèrent le frisson gluant et que, serrant les dents, je décidai de me tuer (je crus le décider !).

Je demeurai longtemps sur le tapis : inerte, demi-nu, obscène, au milieu des images de l'obscénité. Je sommeillais.

A la nuit, ma mère frappa à la porte.

Je m'affolai. Je criai d'attendre un instant. Rajustant mes vêtements, j'assemblai les photographies, le mieux, le plus vite que je pus, je les dissimulai, puis j'ouvris à ma mère, qui alluma.

— Je m'étais endormi, lui dis-je.

J'étais minable.

Je ne me souviens pas d'un cauchemar plus pénible. Mon seul espoir était de n'y pas survivre. Ma mère elle-même, visiblement, se sentit chanceler. Le seul souvenir que je puisse encore aujourd'hui lier à cette situation est le claquement des dents dans la forte fièvre. Beaucoup plus tard, ma mère reconnut qu'elle avait eu

---

1. Tantôt les raies des bas étaient horizontales et tantôt verticales. Les photographies libres, les photographies obscènes de cette époque avaient recours à ces procédés bizarres, qui visaient par un aspect comique et répugnant à les rendre plus efficaces — plus honteuses.

peur, qu'elle eut le sentiment d'avoir été trop loin. Elle était néanmoins d'accord avec elle-même et, s'imaginant un suicide, elle se trompait, mais que pouvait-elle à ce moment sinon se dire qu'elle avait peur du désir monstrueux qui l'avait conduite à l'idée de ce rangement ? Car elle l'avait elle-même tenté, et dans l'horreur qui la prit à la gorge elle avait sadiquement décidé de m'en charger. Puis elle avait couru à ses plaisirs.

Elle m'aimait, elle avait voulu me maintenir en dehors du malheur et des terribles voluptés qu'elle y trouvait, mais avais-je moi-même résisté à la suggestion de l'horreur ? Je connaissais maintenant ces voluptés : et malgré elle elle n'avait eu de cesse qu'elle ne m'eût fait de quelque façon partager ce dont un commun dégoût l'exaltait jusqu'au délire.
Elle était à l'instant devant moi — semblable à moi — dans l'étreinte de l'angoisse.
Elle sut tirer de cette angoisse assez de calme délirant pour me dire au bout d'un long temps, d'une voix chaude, dont le charme apaisait :
— Viens dans ma chambre. Je ne veux pas te laisser seul. Obéis-moi. Si tu manques de pitié pour toi-même, je te demande d'avoir pitié de moi. Mais si tu veux, je serai forte pour deux.
Après ma longue détresse cette voix me ramenait à la vie. Je l'aimais d'autant plus que maintenant, de savoir, j'étais prêt à penser qu'il n'était rien qui ne fût perdu, et que soudain j'éprouvais cette sérénité hors d'atteinte, qui triomphait du pire, rejaillissant intacte de l'infamie.

Elle me précéda dans sa chambre où je m'écroulai sur la chaise où elle me demanda de m'asseoir.
Au moment de quitter la bibliothèque j'avais

vu des photographies traîner à terre, qui m'avaient échappé dans ma hâte.

J'étais soulagé de les avoir vues, de savoir le doute impossible. J'étais soulagé de répondre à la honte que ma mère pouvait, me sembla-t-il, ressentir devant moi, qui en connaissais l'abjection, par une honte que j'imaginais plus entière. Dans l'acceptation de ma déchéance, je descendais au niveau où ma vie — si je survivais — devait désormais se traîner. Maintenant, dans mes yeux battus, ma mère pouvait lire mon ignominie. J'en étais écœuré, mais j'aimais mieux que ma mère sût que j'avais perdu le droit, qu'au grand jamais je n'aurais pris, de rougir d'elle. Elle ne sentirait plus en moi une vertu qui rendît ses faiblesses détestables et qui ouvrît l'abîme entre elle et moi. Je devais seulement m'habituer, lentement me faire à l'idée de n'être plus qu'un être sans substance, j'accéderais au seul bien qui désormais pût répondre à mes vœux : que, fût-il affreusement malheureux, et que, même, n'en dussions-nous jamais parler, un sentiment de complicité nous unît ma mère et moi.

Je m'attardais dans les réflexions de cette nature, où je ne pouvais trouver le repos, mais où je m'obstinais à le chercher comme si je n'avais pas perdu, sur la pente où j'avais commencé de glisser, la plus petite chance de rencontrer un point d'arrêt.

Il y avait toujours eu dans l'expression du visage de ma mère un élément étrange qui échappait à la compréhension : une sorte de rogne orageuse qui restait proche de la gaîté mais parfois devenait provocante, un aveu de l'ignominie. Elle avait maintenant devant moi l'air absent et pourtant je sentais en elle la rage, une gaîté démente ou la honteuse provocation, comme au théâtre il est possible de savoir que, dans la coulisse, des acteurs, à tout instant, sont prêts à faire irruption sur la scène.

Peut-être d'ailleurs y avait-il en un sens une illusion dans cette attente de l'impossible que ma mère provoquait en moi le plus souvent. Car sa voix qui se départait rarement d'une distinction et d'une fermeté séduisantes avait tôt fait de la décevoir, de la changer en apaisement. Elle m'éveilla cette fois de ce rêve douloureux où il me semblait que la vie s'oubliât.

— Je ne te dois pas d'explication, me dit-elle. Mais à Vannes, j'avais bu contre toute raison. Je te demande de l'oublier.

« Comprends-moi, reprit-elle. Tu n'oublieras pas ce que j'ai dit : Mais je n'aurais pas eu la force de le dire, si ton enfantillage, si la boisson — et peut-être la douleur — ne m'avaient pas égarée.

Elle attendit, me sembla-t-il, que je répondisse, mais je baissai la tête. Elle poursuivit :

— J'aimerais te parler *maintenant*. Je ne suis pas sûr de t'aider, mais mieux vaudrait te faire descendre plus bas que de t'abandonner à la solitude où j'ai peur que tu t'enfermes. Je sais que tu es affreusement malheureux. Tu es faible, toi aussi. Ton père était faible comme tu l'es. Tu sais, depuis l'autre jour, jusqu'où va ma faiblesse. Tu sais peut-être maintenant que le désir nous réduit à l'inconsistance. Mais tu ne sais pas encore ce que je sais...

Comment trouvai-je l'audace — ou la simplicité — de dire :

— Je voudrais savoir ce que tu sais...

— Non, Pierre, dit-elle, tu ne dois pas l'apprendre de moi. Mais tu me pardonnerais si tu savais. Tu pardonnerais même à ton père. Et surtout...

— ...

— Tu te pardonnerais à toi-même.

Un long moment je demeurai muet.

— Maintenant, tu dois vivre, dit ma mère.

Je vis qu'à ce moment, elle fixait le sol devant elle et que son beau visage était fermé. Puis elle eut dans le vague un simple sourire.

— Tu n'es pas gai, dit-elle.
— ...
— Moi non plus.

C'était l'heure de passer à table. Elle exigea que je lui parlasse de mes études. Comme si de rien n'était.

J'en parlai.

Ma mère à nouveau sortie, je me retrouvai dans mon lit. Dans la turpitude où souvent l'imagination se complaît malgré nous, je pensai qu'elle était à la recherche du plaisir. Mais, avant de quitter la maison, elle était venue me border dans ma chambre, comme elle le faisait quand j'étais un petit enfant. Pas un instant je n'avais pensé ce jour-là qu'elle avait désiré me soumettre à l'incitation des photographies ! Je vivais dans l'admiration, fasciné par une alternation en elle de la douceur affectueuse et de dérèglements dont elle me semblait la victime, et dont je voyais qu'elle était malheureuse, comme j'étais malheureux de ce qui, dans l'après-midi, venait de m'arriver malgré moi. Je reposais dans le lit qu'elle avait bordé, comme, après l'accident, la victime. Un grand blessé qui souffre et a perdu beaucoup de sang, s'il se réveille enfin dans des pansements, mais dans la paix de la clinique, a, j'imagine, des sentiments semblables aux miens.

Dans la solitude où j'entrai, les mesures de ce monde, si elles subsistent, c'est pour maintenir en nous un sentiment vertigineux de démesure : cette solitude, c'est DIEU.

La vie recommença. Dans sa lenteur le temps cicatrisait la déchirure. Ma mère devant moi semblait calme ; j'admirais, j'aimais sa maîtrise, qui m'apaisait profondément. Jamais je ne l'avais aimée davantage. Jamais je n'avais eu pour elle une dévotion plus grande, d'autant plus folle qu'unis maintenant dans la même malédiction, nous étions séparés du reste du monde. Entre elle et moi un nouveau lien s'était formé, celui de la déchéance et de la lâcheté. Bien loin de regretter d'avoir à mon tour succombé, je voyais que ma *faute* m'avait ouvert à ce qui me paraissait le malheur de ma mère, qui devait l'atterrer comme il m'atterrait, mais qui devait, je le compris plus tard, en nous torturant, à la condition de nous torturer, nous ouvrir au seul bonheur qui ne fût pas vain, puisqu'il nous ravit dans l'étreinte du malheur.

Mais je ne pouvais admettre tout d'abord ce secret mariage de l'enfer et du ciel. Je souffrais, malgré tout, de sentir que ma mère se complaisait dans la misère à laquelle je savais qu'elle était condamnée. Chaque soir, et quelquefois l'après-midi, elle sortait. Quand elle dînait à la maison, j'apercevais le plus souvent qu'elle avait bu. Je me taisais, j'attendais pour pleurer qu'elle ressortît, qu'elle retournât à son dégoût. Je me rappelais le temps où je déplorais l'ivrognerie de mon père, où le silence et la gravité de ma mère me laissaient croire qu'elle partageait mon sentiment. Cette fois, j'avais compris qu'en même temps que mon père — sinon avec lui — elle buvait. (Mais toujours elle avait maintenu une dignité que mon père n'avait jamais — elle n'y avait, à peine, manqué qu'à Vannes). Le plus stupide est qu'en dépit de l'évidence, je ne cessai pas alors d'accuser mon père et mon père seul. Mon père dont l'impudence étalait le hideux désordre, mon père qui avait, j'en étais sûr, habitué ma mère à la boisson et l'avait à la longue corrompue, mon père dont les ordures, après sa mort, m'avaient à mon tour dévoyé.

J'évitais à toute force de reconnaître la vérité, que plus tard, avant de mourir, ma mère m'obligea de voir : qu'à quatorze ans elle avait poursuivi mon père, et lorsque la grossesse dont je suis le fruit obligea la famille à les marier, c'est elle qui allait de débauche en débauche, le corrompant jusqu'au bout, avec la même obstination sagace qu'elle devait montrer avec moi. Si elle était finalement d'une droiture provocante, elle était cependant sournoise : son extrême douceur, encore qu'elle ait eu, quelquefois, la lourdeur angoissante d'un temps qui précède l'orage, me laissa dans l'aveuglement. Je vivais dans le sentiment qu'une lèpre, au-dedans, nous rongeait : de ce mal, jamais nous ne guéririons, de ce mal, nous étions, elle et moi, atteints de façon mortelle. Mon imagination puérile ressassait l'évidence d'un malheur que ma mère subissait avec moi.

Cependant ce naufrage n'allait pas non plus

sans ma complicité. Je m'installai dans la certitude de ce mal inévitable. Un jour, je profitai de l'absence de ma mère, et je récidivai. Dans l'angoisse de la tentation, j'entrai dans la bibliothèque et, d'abord, je tirai deux photographies, bientôt deux autres, et lentement le vertige me prit. Je jouissais de l'innocence du malheur et de l'impuissance. Pouvais-je m'attribuer une faute qui me séduisait, m'inondait de plaisir, dans la mesure où justement j'en étais désespéré ?

Je doutais, je restais dans l'angoisse et, dans l'angoisse, je cédais sans finir au désir d'être à moi-même objet de mon horreur : dent gâtée dans un beau visage. Je ne cessais pas de songer à la confession que j'aurais dû faire de mes lâchetés, mais je n'étais pas seulement effrayé d'avouer une aberration inavouable ; de plus en plus l'idée de confession me semblait la trahison de ma mère, une rupture de ce lien inéluctable qu'avait formé entre elle et moi notre commune ignominie. Ma lâcheté véritable, pensais-je, serait d'avouer à mon confesseur, qui connaissait ma mère, qui avait admis avec moi la noirceur exclusive de mon père, que maintenant j'*aimais* le péché de ma mère et que j'en étais fier comme un sauvage. Je songeais à l'avance à la banalité de son langage. Ses banales exhortations répondraient-elles à la grandeur de mon angoisse, à la situation irrémédiable où la colère de Dieu m'avait placé ?

Pour moi, le langage tendre — et toujours tragique — de ma mère était seul à la mesure d'un drame — d'un mystère qui n'était pas moins lourd, ni moins aveuglant que Dieu lui-même. Il me semblait que l'impureté monstrueuse de ma mère — et que la mienne, aussi répugnante — criaient au ciel et qu'elles étaient semblables à Dieu, en ce que seules les parfaites ténèbres sont semblables à la lumière. Je me souvenais de la phrase lapidaire de La Rochefoucauld : « le soleil ni la mort ne se peuvent regarder fixement »... La mort à mes yeux n'était pas moins divine que le soleil, et ma mère dans ses crimes était plus proche de Dieu que rien de ce que j'avais aperçu par la fenêtre de l'Eglise. Ce qui pendant ces interminables journées de ma solitude et de mon péché ne cessa pas de me dresser de la même façon que le cri sur une vitre de la fourchette fut le sentiment que le crime de ma mère l'élevait en Dieu, dans le sens même où la terreur et l'idée vertigineuse de Dieu s'identifient. Et voulant trouver Dieu je voulais m'enliser et me couvrir de boue, pour n'en pas être plus indigne que ma mère. Les scènes ignominieuses des photographies se chargeaient à mes yeux de l'éclat et de la grandeur sans lesquels la vie serait sans vertige et jamais ne regarderait le soleil ni la mort.

Peu m'importaient ces sentiments de simiesque dégradation qui me faisaient voir dans mes yeux cernés l'image de ma déchéance. Celle-ci m'approchait de la nudité de ma mère, de l'enfer où elle avait choisi de vivre ; ou plutôt de ne plus respirer, de ne plus vivre. Je reprenais parfois les plus écœurantes des images de mon père, je me dénudais et je m'écriais : « Dieu de terreur, c'est aussi bas que tu nous mènes, que tu nous as menés, ma mère et moi... » Je savais à la longue que j'en étais fier, et me disant que le péché d'orgueil était le pire, je me dressais. Car je savais que l'honnêteté qu'à mes yeux mon confesseur représentait aurait été, pour moi, la négation de ce Dieu de soleil aveuglant, de ce Dieu de mort que je cherchais, auquel me ramenaient les voies de malheur de ma mère.

Alors je me souvins des aspects d'ivrogne de mon père. Je doutais à la fin du droit que j'avais pris de le maudire : par lui j'appartenais à l'ivresse et à la démence, à tout ce que le monde enferme de mauvais, dont Dieu ne se détourne jamais que pour le pire. Mon père, cette paillasse ivre-morte, que parfois les agents ramassaient, mon père soudain m'attendrissait : je pleurais. Je me souvenais de la nuit de la gare de Vannes et de l'alternative des moments de calme désespéré de ma mère, puis soudain du sourire glissant qui déformait ses traits comme s'ils avaient coulé.

Je tremblais, et j'étais malheureux, mais je jouissais de m'ouvrir à tout le désordre du monde. Aurais-je pu ne pas succomber au mal, dont ma mère étouffait ? Plusieurs jours, elle s'absenta de la maison. Je passais mon temps à me détruire — ou à pleurer : à l'attendre.

LE RIRE EST PLUS DIVIN, ET
MEME IL EST PLUS INSAISISSABLE
QUE LES LARMES.

Ma mère à son retour vit les cavités de mes yeux. Elle sourit :

— Nous allons changer ça, me dit-elle. Ce soir, je suis à bout, je vais au lit.

— Tu me ressembles un peu, maman. Regarde dans la glace, ces yeux cernés...

— C'est ma foi vrai, dit-elle. J'aime mieux ta malice que ta mauvaise mine.

Là-dessus, elle rit franchement et m'embrassa.

Je la retrouvai au déjeuner du lendemain. Elle s'écria :

— Je ne veux plus voir une aussi mauvaise mine. Sais-tu comment te nomme Réa ?

— Réa ?

— Tu ne la connais pas encore, c'est vrai. Tu l'as croisée dans l'escalier. C'est une bien jolie fille, mais apparemment les jolies filles te font peur. Elle, Réa, t'a bien vu et a reconnu le beau garçon dont je lui parle quelquefois. Maintenant, elle me demande de tes nouvelles : « Comment va notre chevalier de la Triste Figure ? » Je le suppose : il est temps que tu vives moins seul. Un garçon de ton âge rencontre des femmes. Nous sortirons ce soir avec Réa. Je ne serai pas en deuil ; tu mettras des vêtements élégants. J'oubliais : Réa est ma grande amie. Elle est adorable, elle est danseuse de profession, c'est la fille la plus folle du monde. Je reviens avec elle à cinq heures ; vous nouerez connaissance, si tu veux bien. Avant d'aller dîner dehors, nous aurons des rafraîchissements.

Doucement, modulant ses phrases, elle riait.

— Oui, maman, balbutiai-je.

J'étais estomaqué. Je me disais que, sur son visage, ce rire était un masque.

Ma mère à ce point se leva. Nous passâmes à table.

— Tu n'es pas sans savoir que ta réponse n'est pas faite pour encourager. Il me faudra décidément du vice pour deux.

Elle éclatait de rire. Mais la triste vérité — que j'aimais — ne cessait pas d'apparaître, sous le masque.

— Maman ! criai-je.

— Ta maman, me dit-elle, devra te malmener.

Tendant les mains, elle me prit par les joues.

— Fais-toi voir.

— ...

— Ce n'est pas tout d'aimer sa mère, d'être intelligent, d'être beau, et d'avoir un profond sérieux... qui m'effraie. A quoi te mènera ce sérieux s'il ignore la gaîté des autres ?

Je pensais au crime, à la mort... Je me voilais la face.

— Tu es sérieuse, toi aussi.

— Grand sot ! mais c'est une mine ! Tu ne serais qu'un niais si tu manquais de légèreté.

Le système que j'avais construit, dans lequel je me réfugiais, s'effondrait. Ma mère était parfois de bonne humeur. Mais elle n'avait jamais cette gaîté sans piège, cet enjouement qui me clouaient.

Elle déjeuna sans se départir de sa bonne humeur, moquant ma gravité ou, malgré moi, me faisant rire.

— Tu vois, dit-elle, je n'ai pas bu, mais je suis endiablée. Sois fier de ta profondeur. Elle m'a mis dans ce bel état ! Dis-moi, sans le moins du monde plaisanter : as-tu peur ?

— Mais... non.

— C'est dommage.

Elle éclata de rire à nouveau et partit.

Je ne quittai pas la salle à manger, où j'allai m'asseoir dans un coin, la tête basse.

A l'avance, je savais que j'obéirais. Je saurais même montrer à ma mère qu'elle avait tort de se moquer. Je ne doutais plus qu'à mon tour je ferais preuve de légèreté... A ce moment, l'idée me vint que si je faisais preuve moi-même d'une légèreté affectée, ma mère avait pu feindre elle-même un sentiment qu'elle n'avait pas. Je pouvais préserver de cette manière un édifice dans lequel je voulais m'enfermer. Je pouvais justement dans cette voie répondre à l'invite de mon destin qui me demandait de sombrer jusqu'au bout, de plus en plus bas, d'aller où ma mère me menait et de boire mon verre avec elle, de le boire, aussitôt qu'elle voudrait, jusqu'à la lie... Son enjouement m'éblouissait, mais ne devais-je pas reconnaître que, m'allégeant, il m'annonçait ce qui pouvait le mieux répondre à mon désir d'aller au plus dangereux et qui me donnait le plus grand vertige ? Ne savais-je pas que ma mère à la fin me conduirait où elle allait ? C'était assurément le plus infâme. Si maintenant elle me séduisait, n'était-ce pas par les débauches que son apparente dignité achevait de rendre infernales ? Et de même que ma mère était, de la honte au prestige, de la galanterie à la gravité, en un glissement perpétuel, mes pensées se désordonnaient dans la perspective mobile que l'imaginable légèreté de Réa rendait troublante.

— Ma mère, pensais-je, veut me faire connaître son amie. Mais ne suis-je pas fou d'en conclure qu'elle lui a demandé de me perdre ?

Je me représentais aussitôt qu'une danseuse qui était son amie devait participer à ses désordres. Ainsi attendais-je dans la fièvre. Réa m'attirait d'avance. Que dis-je, elle me fascinait, Réa qui pouvait me faire entrer dans le monde qui me terrifiait mais qui, dans mon effroi, était l'objet de toutes mes pensées.

Ces pensées étaient malheureuses, mais la menace qu'elles m'apportaient était celle d'une joie excessive, qui allait naître de ma terreur. Ainsi la folle image que je m'étais faite de Réa achevait-elle de me déranger. Je délirais : je la voyais au premier mot se dénudant ; et forçant par sa canaillerie ma mère à fuir, elle m'abandonnait à cette pieuvre qui ressemblait aux filles dont les obscénités de mon père avaient meublé mon imagination. Puérilement, je me laissais aller à ces rêveries. Je n'y croyais pas, mais j'étais déjà si dévoyé que j'inventais les scènes les plus précises, afin de me troubler et, sensuellement, de mieux patauger dans la honte.

Il m'est difficile aujourd'hui de représenter ces moments fébriles où ma révolte se liait à l'avidité d'un plaisir terrifiant, où je m'étranglais, où je jouissais d'autant plus que je m'étranglais. Ce qui me laisse croire à la fin qu'il s'agissait d'un jeu n'est pas seulement la tricherie que j'y apportais, qui me permettait de glisser, mais l'habileté et la maîtrise dont je disposais, dès qu'une difficulté s'offrait. Je pouvais me sentir paralysé : quand j'entrai dans le grand salon et que, sur le fond de tentures luxueuses et de voiles, j'aperçus, l'une et l'autre en robe rouge, et riantes, ma mère et son amie, un instant je restai muet ; j'étais déjà cloué, mais bien d'admiration. Je m'avançai en souriant. Je rencontrai le regard de ma mère, où je pus lire l'approbation. Je m'étais en effet habillé, je m'étais coiffé, avec un soin que je n'avais pas d'habitude. Quand je m'approchai, je ne tremblais pas. Je baisai, même un peu longuement, la main de la jolie Réa, dont le parfum, le décolleté — et le clin d'œil — ne me touchèrent pas moins, ni moins intimement, que ne l'aurait fait l'exécution des rêveries qui m'avaient travaillé dans ma chambre.

— Ne m'en veuillez pas, Madame, dis-je à Réa, si je suis, comment dire ? interdit, mais je serais plus gêné, devant vous, si la tête ne me tournait pas.

— Qu'il est amusant ! fit Réa langoureuse. Si jeune, si bien savoir parler aux femmes, si bien mentir...

Décidément, j'étais né pour le monde que Réa m'ouvrait. Mais comme ma mère éclata bruyamment de rire, je l'entendis et je la vis : sa présence, à laquelle, à l'instant, je ne songeais plus, et ce rire indécent me choquèrent. Je ressentis soudain un terrible malaise.

— Je vous fâche, dit Réa, mais, Pierre, — vous permettez, ma chère que je l'appelle ainsi, par son nom ? — si vous ne mentiez pas, Pierre, je serais heureuse.

La méprise de Réa me déconcerta.

— Pierre, enchaîna ma mère, assieds-toi près de mon amie : si je l'entends, c'est aussi la tienne.

Elle désigna la place sur le sofa.

Ma mère et Réa étaient bien telles que j'imaginais deux noceuses en compagnie d'un partenaire. Réa me fit place auprès d'elle. Puis se rapprocha. Déjà montait la griserie du champagne coulant à flots.

Le décolleté de ma voisine me crispait. J'étais devenu cramoisi.

— Mais, Pierre, disait Réa, vous n'aimez pas vous amuser ? Votre maman aime aussi s'amuser...

— Madame...

— Mais d'abord dites Réa. C'est promis ?

Elle me prit la main, puis l'ayant caressée, la plaça sur sa jambe. C'était trop ! sans la profondeur du sofa, j'aurais fui. Mais j'aurais eu la certitude d'être faible, et de ne pas devoir lui échapper...

Réa abandonna le peu d'affection qu'elle avait dans la voix.

— C'est vrai, dit-elle, je fais la noce, mais jamais, voyez-vous, je ne l'ai regretté, quoiqu'étant de famille aisée... Voyez-vous, Pierre, les femmes qui font la noce ne doivent pas vous effrayer. Ainsi votre maman est meilleure que nous...

— Meilleure ? interrompit ma mère. Elle était brusquement, le masque du rire tombé, redevenue ce qu'elle était. Qui connaissez-vous qui soit pire ? Je veux que Pierre le sache...

— Ma chérie, vous lui faites de la peine, et pourquoi ?

— Réa je veux le déniaiser. Pierre, du champagne !

Je pris la bouteille et j'emplis les verres, alarmé de l'état où ma mère se mettait. Elle était grande, fragile, et tout à coup elle me donna le sentiment de n'en plus pouvoir. Ses yeux brillaient de haine, et déjà ses traits se brouillaient.

— Je veux que tu le saches une fois pour toutes.

Elle attira Réa vers elle et, sans s'attarder, l'embrassa convulsivement.

Elle se tourna vers moi.

— Je suis heureuse ! me cria-t-elle. Je veux que tu le saches : je suis la pire des mères...

Son visage grimaçait.

— Hélène, gémit Réa, tu es affreuse...
Je me levai.
— Pierre, écoute-moi, me dit ma mère (elle était calme de nouveau ; son langage était fou mais il était grave et ses phrases se suivaient tranquillement). Je ne t'ai pas demandé de venir aujourd'hui pour cela. Mais je ne veux plus te supporter davantage. Je veux lire le mépris dans tes yeux, le mépris, la peur. Je suis heureuse enfin de t'avoir vu : tu n'en pouvais plus. Tu vois comment j'oublie ton père. Apprends de moi que rien n'incline à la méchanceté comme d'être heureuse.

J'étais ivre et pourtant je compris que ma mère, qui l'était quand j'entrai, n'avait plus la force de se tenir.
— Maman, lui dis-je, laisse-moi me retirer.
— Je n'aurais pas pensé, dit ma mère sans me voir, que mon fils me manquerait, le jour où il aurait surpris la mauvaise conduite de sa mère.

Avec une aisance qui soudain m'apaisa et me rendit à moi, elle dit encore :
— Reste ici. Je t'aime de tout mon cœur, maintenant que je t'ai donné le droit de me toiser.

Son sourire était le sourire malheureux, comme involontaire, que maintenant je connaissais bien : ce sourire avalait sa lèvre inférieure.
— Hélène ! cria Réa, visiblement déçue.
Elle se leva.
— Chérie, tu ne veux pas dîner avec lui ? Tu voudrais coucher sans attendre avec lui ?
— Hélène ! lui dit Réa. Je m'en vais maintenant. Au revoir, Pierre, j'espère à bientôt.
Réa m'embrassa gentiment sur la bouche. Elle faisait mine de s'en aller. J'étais éberlué. J'étais tout ivre.
Ma mère à son tour se leva. Je vis qu'elle

regardait Réa comme si elle voulait se jeter sur elle et la battre.

— Viens ! dit-elle.

La prenant par la main, elle entraîna Réa dans la pièce voisine. Je ne pouvais les voir, mais les salons communiquaient ; si le champagne à ce moment ne m'avait endormi, j'aurais pu entendre leur souffle.

Ma mère, lorsque je m'éveillai, me regardait, le verre en main.

Réa me regardait aussi.

— Nous avons les yeux brillants, dit ma mère.

Réa riait, je vis ses yeux briller.

— Allons, maintenant, le cocher nous attend, dit ma mère.

— Mais d'abord, dit Réa, déridons la triste figure.

— Vidons la bouteille, dit ma mère. Prends ton verre et donne à boire.

— Verres en main, dit Réa, buvons.

Un flot de bonne humeur nous portait. Soudain, j'embrassai Réa à pleine bouche.

Nous nous jetâmes dans l'escalier. Je décidai de boire et de vivre ainsi.

Toute la vie.

Dans le coupé, nous étions les uns sur les autres. Le bras de ma mère autour de la taille de Réa Réa lui mordillait l'épaule. Réa, qui m'avait pris la main l'appuyait le plus haut qu'elle pouvait sur la nudité de sa jambe. Je regardais ma mère : elle semblait rayonner.

— Pierre, dit-elle, oublie-moi, pardonne-moi, je suis heureuse.

J'avais peur encore. Je pensai que, cette fois, je dissimulerais.

Au restaurant, ma mère leva son verre et parla :

— Tu vois, mon Pierre, je suis ivre. Tous les jours, c'est ainsi. Dis-lui, Réa.

— Oui Pierre ! me dit Réa, tous les jours ainsi. Nous aimons faire la vie. Mais ta mère n'aime pas les hommes, pas beaucoup. Moi, je les aime pour deux. Ta mère est adorable.

Réa, illuminée, regardait ma mère. Elles étaient graves l'une et l'autre.

Ma mère me parlait tendrement :

— Je suis heureuse de ne plus te sembler malheureuse. J'ai des caprices inavouables et je suis trop heureuse de te les avouer.

Ses yeux avaient cessé de se perdre dans le vague.

— Je sais ce que je veux, dit-elle avec malice. Mais le sourire, aussitôt né, mourut sur ces lèvres épaisses, qui avaient le mouvement du souffle qui manque. Je sais ce que je veux, répéta-t-elle.

— Maman, dis-je égaré, je veux savoir ce que tu veux. Je veux le savoir et je veux l'aimer.

Réa nous regardait, elle observait ma mère. Mais nous étions ma mère et moi, au milieu de ces tables bruyantes, dans une solitude de désert.

— Ce que je veux ? me dit ma mère, c'est, dussé-je en mourir, de céder à *tous* mes désirs.

— Maman, les plus fous ?

— Oui, mon fils, les plus fous.

Elle sourit, ou plutôt le rire lui tordit les lèvres. Comme si elle devait, en riant, me manger.

— Pierre ! dit Réa, j'ai trop bu, mais ta mère est si folle que je crains la mort en la voyant. Je ne devrais pas te le dire : j'ai peur. Tu devrais y penser. J'ai trop bu mais pouvons-nous vivre ? Tu sais, Pierre, je suis amoureuse de ta mère. Mais tu la détruis. Tu l'empêches de rire et ta mère ne peut vivre qu'en riant.

— Mais, dis-je, Réa, ma mère me regarde en riant. Maman, que puis-je faire ? Je voudrais... Nous avons trop bu.

Ma mère tout à coup se reprit :

— Réa et toi, vous avez trop bu. Pierre, rappelle-toi le temps où tu dormais, j'avais la main sur ton front. Tu tremblais de fièvre : mon malheur est de ne jamais trouver dans mes excès le bonheur de trembler que tu m'as donné. Pierre, Réa ne m'a pas comprise. Et peut-être tu seras sourd. Mais tu m'as vu rire : en riant, je pensais au moment où j'ai cru que tu mourrais. Pierre ? ah ! peu m'importe, je sais pleurer. Ne me demande rien !

Je vis qu'elle aurait sangloté si par un effort inhumain elle ne s'était pas retenue.

— Réa, dit-elle, tu avais raison. Maintenant, par pitié, fais-moi rire !

Réa se pencha vers moi. Elle me fit une proposition si obscène que dans l'imbroglio de réactions dont tous trois nous étions malades, je ne pus retenir mon rire de fuser.

— Répète, me dit ma mère.
— Penche-toi, lui dit Réa, je vais le répéter.

Ma mère se pencha vers Réa. Le même rire puéril nous chatouilla si excessivement, la proposition obscène de Réa était d'une incongruité si folle, que nos ventres s'agitèrent, tordus, au milieu des autres. Les dîneurs commençaient à nous regarder, déjà hilares, et, faute d'y rien comprendre, le regard stupide.

Certains hésitaient, nous étions malgré de terribles efforts, déchaînés, nous étions fous, nos rires redoublèrent de l'hésitation que nous sentîmes : le restaurant entier se mit à rire, fou d'en ignorer la raison, mais à rire au point d'en souffrir et d'en être furieux. Ce rire indu s'arrêtait à la longue, mais dans le silence, une fille à la fin éclatait, n'en pouvant plus : le rire reprenait dans la salle. A la longue, les convives furtifs, le nez dans leur assiette, émergeaient de leur envoûtement : ils n'osaient plus se regarder.

Le dernier, malheureux, je riais encore. Réa me dit, mais à voix basse :

— Songe à moi, songe au pied du mur...
— Oui, dit ma mère, au pied du mur !
— Je t'y mettrai, dit Réa, le visage fermé.

Elle reprit la proposition en des termes qui,

cette fois, ne pouvaient plus me faire rire, mais exaspérer mon désir.

— Je suis ta chienne, ajouta-t-elle, je suis sale, je suis en chaleur. Si nous n'étions pas dans la salle, aussitôt dans tes bras, je serais nue.

Ma mère, de son côté me dit, nous versant à boire :

— Je te donne à Réa et je te donne Réa.

Je bus. Nous étions tous les trois congestionnés.

— Je vais mal me conduire, dit Réa. Mets la main sous la table. Regarde.

Je regardais Réa : sa main seule, sous la table, cachait ce qu'elle faisait.

Mon verre empli, je le vidais.

Réa me dit :

— Dans un bois, Pierre, tu me renverserais.

— Je n'en puis plus, dis-je à Réa.

— Je suis folle, dit Réa.

— Je veux boire encore. Je n'en ai plus la force. Emmenez-moi !

Je pleurais lentement, l'air égaré.

Ma mère dit :

— Nous sommes folles. Réa, nous avons perdu la tête. Nous sommes saouls, tous les trois. C'était trop beau. Pitié, Pierre, ne pleure plus. Nous allons rentrer.

— Oui maman ! C'en est trop ! C'est trop beau, trop affreux.

Soudain, l'horreur de ces regards que nous commencions d'attirer nous glaçait.

Je vis ma mère très calme, très sûre d'elle. Avant d'avoir compris, je me trouvais dans le coupé. Je m'endormais. Réa, ma mère, savaient déjà que pour si peu, ce délire ne les lâchait pas...

Mais, docilement (je ne voyais plus rien), je les laissai me mettre au lit.

Ma mère, au déjeuner du lendemain, me parla.
Ma mère était vêtue de noir mais elle me

donnait, en même temps que de sa maîtrise, une impression de délire contenu. Comme d'habitude, elle m'attendait dans le salon, sur le sofa. Près d'elle je l'embrassai, je la pris dans les bras. J'étais presque malade, et je tremblais.

Nous restions sans mouvement. Je rompis le silence à la fin.

— Je suis heureux, lui dis-je, mais je sais bien que mon bonheur ne peut durer.

— D'hier, me dit ma mère, tu es heureux ?

— Oui, je t'adore ainsi, mais...

— Mais quoi ?

— Il va falloir tout déranger...

— Bien sûr...

Elle me serra plus fort. Ce fut très doux mais je lui dis :

— Tu le sens bien : tous les deux nous nous sommes serrés, mais le bonheur que j'en éprouve est pénible comme un poison.

— Il faut passer à table, dit ma mère.

Nous nous assîmes et l'ordonnance de la salle à manger, de la table servie, me soulagea. Le seau à glace contenait une bouteille mais une seule bouteille.

— As-tu compris ? reprit ma mère, le plaisir ne commence qu'au moment où le ver est dans le fruit. C'est seulement si notre bonheur se charge de poison qu'il est délectable. Et le reste est l'enfantillage. Pardonne-moi de te bousculer. Cela, tu avais le temps de l'apprendre lentement. Rien est-il plus touchant, plus attendrissant que l'enfantillage ? Mais tu étais si niais et je suis, moi, si corrompue que j'étais bien forcée de choisir. Je pouvais renoncer à toi, sinon, je devais parler... J'ai cru que tu aurais la force de me supporter. Ton intelligence est exceptionnelle mais elle te mène à voir ce qu'est ta mère : tu as donc bien le droit de t'effrayer. Sans ton intelligence, j'aurais dissimulé, comme si j'avais eu honte. Je n'ai pas honte de moi. Vite, ouvre la bouteille... De sang-froid, la situation est sans doute supportable, et tu n'est pas plus lâche que moi... Le sang-froid vaut même mieux que la tête qui tourne... Mais portés par le vin nous savons mieux pourquoi le pire est préférable...

Nous levions nos verres et je regardais la pendule.

— L'aiguille, dis-je à ma mère, ne cesse pas un instant de bouger. Dommage...

Je savais, nous savions, que dans l'équivoque où nous vivions il n'était rien qui, rapidement, ne glissât et qui, rapidement, ne sombrât.

Ma mère demanda du champagne encore.

— Une bouteille seulement, me dit-elle.

— Oui, peut-être une bouteille. Et pourtant...

Le déjeuner fini, sur le sofa nous nous retrouvâmes enlacés.

— Je bois à tes amours avec Réa, me dit ma mère.

— Mais j'ai peur de Réa, répondis-je.

— Sans elle, entendis-je, nous serions perdus. C'est à elle que je dois d'être sage : elle est si folle. A ton tour, aujourd'hui, tu sauras t'apaiser dans ses bras. Tu vois qu'il est deux heures. A sept heures, je serai de retour. Nous dînerons tous les trois, mais tu passeras la nuit avec Réa.

— Tu vas partir ?

— Oui, je pars. Je le sais. Tu voudrais arrêter l'aiguille. Mais ? Tu me fais brûler, je ne puis pas te rendre heureux. Si je restais, j'aurais plaisir à te rendre malheureux. Je veux que tu me connaisses bien. Je fais le malheur de tous ceux qui m'aiment. C'est pourquoi je demande mon plaisir aux femmes dont je puis me servir dans l'indifférence. Je ne répugne pas à faire souffrir, mais c'est un plaisir épuisant. Pour toi...

— Maman, tu sais que tu me fais souffrir...

Elle rit, mais ce rire équivoque ressemblait à celui que la veille, dans le restaurant, elle eut en me parlant de mort, c'était le rire au bord des larmes...

— Je pars dit-elle.

Mais, sur les joues, elle m'étouffait de ses baisers.

— Vite, en mourir! ajouta-t-elle. Tu sais que ta mère est timbrée.

Je pleurai.

Je pensai vite au seul remède à ma souffrance. C'était de l'augmenter, c'était de lui céder.

Je respirais le souffle de Réa. Je pensais à l'obscénité, aux voluptés, dans lesquelles Réa se perdait. Les photographies m'éclairaient. Réa dans mon oreille avait glissé les mots qui m'étranglaient, qui me congestionnaient, et qui, cette fois, ne cessaient plus de me réduire à la crampe douloureuse des organes. Réa m'avait guidé, avait guidé ma main vers l'humidité pénétrable et quand elle m'avait embrassé elle avait introduit dans ma bouche une énorme langue. Réa dont j'avais vu les yeux briller, Réa que j'entendais encore rire aux éclats d'être fin saoule et de l'inavouable plaisir que ma mère lui avait donné. J'imaginais la vie de la belle fille semblable à la fornication figée, hors d'haleine et sans apaisement, des filles des photographies. Mais Réa était la plus belle et pour moi figurait ces chahuts sans fin de la jouissance dans laquelle j'avais décidé de sombrer. Je me répétais gâteusement : « le derrière de Réa », qu'elle avait en langage des rues offert à ma jeune virilité. Cette partie de Réa que je voulais voir et dont, sur son invitation, j'avais l'intention d'abuser prenait figure : ce qu'elle ouvrait à moi était le temple du fou rire en même temps qu'elle servait d'emblème, ou de discours funèbre, à la chasse d'eau. Je ne riais pas de ce rire : c'était un fou rire, sans doute, mais il était éteint, c'était un rire morose, sournois, c'était le rire malheureux. Le lieu de la partie d'elle-même que Réa m'avait proposé et de cette comique puanteur qui sans cesse nous ramène à la honte me donnait le sentiment d'être heureux — d'un bonheur plus précieux que tous les autres — de ce bonheur honteux dont personne n'aurait voulu. Mais Réa, l'éhontée, serait, elle, aux anges de le donner, comme, férocement, j'étais avide de le goûter. Je la bénissais du risible cadeau qu'elle me ferait quand, au lieu du front pur de ma mère elle tendrait ce qu'il était dément de tendre à mon baiser. J'étais au comble du délire et dans ma fièvre, je murmurai :

— Je veux de toi le plaisir innommable que tu m'offres, *en le nommant*.

A ce moment, je me servis des mots que la bouche de Réa avait prononcés, je les articulai, et j'en savourai la turpitude.

J'avais conscience, quand j'avais répété les mots — j'étais rouge — que Réa proposait la même chose à ma mère ; en même temps, que ma mère le faisait. De tout ce que ma pensée me présentait, j'étais en quelque manière étranglé, mais mon étranglement grandissait mon plaisir. J'avais le double sentiment de rire aux anges, et d'être à l'agonie et que du spasme dont je tremblais, qui me donnait la volupté, j'allais mourir. Et comme j'avais réellement articulé la proposition obscène de Réa, ce fut à haute voix, dans mon abattement, que je demandai la mort. Je savais que, vivant, j'aurais vite fait de revenir à ce vomi. Car les aspects les plus inavouables de nos plaisirs nous lient le plus solidement. Je pouvais donc, sottement, décider de me confesser, renoncer à l'accord dont à l'instant je venais de convenir avec ma mère. Pouvais-je à l'avance douter que l'idée de Dieu était fade comparée à celle de perdition. L'innommable baiser qui m'était proposé (et que, je supposais, ma mère aimait) seul était digne de mon tremblement. Ce baiser seul était tragique : il avait la saveur suspecte et l'éclat effarant de la foudre. Je savais que ma confession serait tricheuse et que rien désormais ne me garderait du désir que j'avais, que la veille j'avais eu, de mon ignominie. De cette saveur ou de la mort, je savais maintenant ce que je n'avais pas le courage de me dire : que j'aimais mieux la mort, que j'appartenais à la mort, que je l'appelais en m'ouvrant au désir du hideux, du risible baiser.

En allant vers l'église où j'avais décidé, dans mon égarement, de m'adresser au premier venu, je mesurais mon incertitude. J'ignorais même si je n'allais pas sans attendre retourner à la maison et, dès le retour de ma mère, lui parler de rejoindre Réa. Il n'était rien en moi qui ne glissât. Aurais-je pu douter de la chute prochaine ? Et de crainte d'irriter ma mère, je ne songeais qu'à la précipiter. Je me hâtai dans le confessionnal de m'accuser, sachant bien qu'aussitôt je pouvais oublier, que je pouvais tourner le dos à ce remords, que je disais au prêtre que j'avais, qu'en vérité je n'avais pas. Dès qu'il s'agit de m'accuser de tout ce dont ma mère était complice, je me cabrai, je m'arrêtai. Je songeai à sortir et ne terminai que par une lâcheté où le défi du sacrilège se mêlait au refus de trahir ma mère. La griserie de la tentation me ravit, dans le vertige de mon angoisse, je jouis de la nudité de Réa. Pas un instant la pensée d'un Dieu ne m'atteignit ou plutôt, si je le cherchai, c'était dans le délire, et dans le délice de la tentation. Je ne cherchais que la terreur du mal, que le sentiment de détruire en moi le fondement du repos. Je me sentis lavé du soupçon que je nourrissais d'avoir demandé l'apaisement, d'avoir eu peur. Avais-je rien avoué du rôle inavouable de ma mère ? J'étais, j'en jouissais, dans l'état de péché mortel. Dans peu de temps, j'allais revoir ma mère et mon cœur dans mon corps bondissait, débordait de joie. Je songeais à la honte où ma mère se complaisait ; j'y songeais dans l'angoisse — et même, sans doute, était-ce une folle angoisse — mais de l'angoisse, je savais maintenant que mon délice allait éclore. Nulle équivoque ne se mêlait au respect que j'avais pour elle. Et pourtant ce délice de l'angoisse me serrait la gorge à l'idée de ses tendres baisers. De la tendre complicité de ma mère, aurais-je pu maintenant douter ? J'étais au comble d'un bonheur dont je jouissais d'autant plus intensément que je tremblais. Ma mère, pensais-je, m'avait précédé dans le vice. C'est que, de tous, le vice était le plus désirable et le plus inaccessible des biens. Comme un alcool, ces pensées fermentaient, bouillonnaient dans ma tête heureuse, et l'excès du bonheur déraillait en moi. J'avais le sentiment de posséder le monde et je m'écriai :

— Il n'est plus de limite à mon bonheur ! Serais-je heureux si je ne ressemblais à ma mère, si je n'étais, comme elle, certain de me griser et de m'enivrer de turpitude ?

Mon désir résolu me grisait déjà. Je ne pense pas que ce jour-là de boire ait ajouté quelque nouvelle ivresse à mon bonheur. J'entrai chez ma mère en riant. Elle en parut surprise, d'autant que je lui dis que je revenais de l'église. Je conclus :

— Tu sais ce que Réa m'a proposé. Maman, regarde-moi rire : j'ai décidé dans mes prières de faire ce que Réa propose.

— Mais, Pierre, jamais auparavant tu n'avais été grossier ! Embrasse-moi, serre-moi dans tes bras.

— Ah maman ! quelle complicité !

— Oui mon Pierre ! quelle complicité ! Buvons à cette complicité !

Je balbutiai :

— Maman, maman !

Je l'embrassais.

— Le champagne est prêt, me dit-elle. Je ne me souviens pas, depuis longtemps, d'avoir été plus gaie. Préparons-nous. Buvons ! La voiture est partie chercher Réa. Maintenant, je bois avec toi, mais quand j'entendrai la voiture, j'irai mettre ma plus belle robe. Rougis ! Nous dînerons tout à l'heure en cabinet particulier. Je voudrais m'amuser, rire avec vous, comme si j'avais votre âge. Mais je vous laisserai seuls après dîner.

— Je t'adore, maman ! Mais j'ai beau faire...
— Tu as beau faire...
— Je serai triste si tu pars...
— Mais tu vois bien, je n'ai même plus ton âge... A ton âge, Pierre, sais-tu que je déchirais ma robe aux ronces ? Je vivais dans les bois.

J'emplis les verres.

— Avec toi, je voudrais vivre dans les bois.

Buvons.

— Non, Pierre, je courais seule les bois. J'étais folle. Et c'est vrai, je suis folle aujourd'hui de la même façon. Mais dans les bois j'allais à cheval, je défaisais la selle et j'ôtais mes vêtements. Pierre, écoute-moi, je lançais le cheval dans les bois. C'est à ce moment que j'ai couché avec ton père. Je n'avais pas ton âge : j'avais treize ans, et j'étais enragée. Ton père m'a trouvée dans les bois. J'étais nue, je croyais qu'avec mon cheval, nous étions les bêtes des bois...

— C'est alors que je suis né !
— C'est alors ! Mais pour moi, ton vaurien de père n'est pour rien, presque rien, dans l'histoire. J'aimais mieux être seule, j'étais seule dans les bois, j'étais nue dans les bois, j'étais nue, je montais à poil. J'étais dans un état que je mourrai sans retrouver. Je rêvais de filles ou de faunes : je savais qu'ils m'auraient dérangée. Ton père m'a dérangée. Mais seule, je me tordais sur le cheval, j'étais monstrueuse et...

Soudain, ma mère pleura, elle fondit en sanglots. Je la pris dans mes bras.

— Mon enfant, disait-elle, mon enfant des bois ! Embrasse-moi : tu viens des feuillages des bois, de l'humidité dont je jouissais, mais ton père, je n'en voulais pas, j'étais mauvaise. Quand il m'a trouvée nue, il m'a violée, mais j'ai mis son visage en sang : je voulais arracher les yeux. Je n'ai pas pu.

— Maman, criai-je.
— Ton père m'avait épiée. Je crois qu'il m'aimait. Je vivais seule alors avec mes tantes, ces vieilles sottes dont peut-être tu as gardé le vague souvenir...

Je fis signe que oui.

— Les sottes n'en faisaient qu'à ma tête, et nous t'avons fait naître en Suisse. Mais au retour, il fallut épouser ton père. Il avait ton âge, Pierre, il avait vingt ans. J'ai rendu ton père affreusement malheureux. Jamais, depuis le premier jour, je ne l'ai laissé m'approcher. Il s'est mis à boire : c'est bien excusable. « Personne, me disait-il, ne se doute du cauchemar où je vis. J'aurais dû te laisser m'arracher les yeux ». Il me désirait comme une bête et j'avais seize ans, j'avais vingt ans. Je le fuyais, j'allais dans les bois. Je partais à cheval et jamais, comme je me méfiais, il ne me rattrapa. Dans les bois, j'ai toujours été dans l'angoisse mais j'avais peur de lui. J'ai toujours trouvé mon plaisir dans l'angoisse mais, jusqu'à sa mort, je devins chaque jour plus malade.

— Maman, je tremble comme une feuille, et maintenant j'ai peur que Réa...

— Réa n'est pas prête d'arriver. Elle ne pouvait pas être à l'heure. Je ne savais pas que je te parlerai aujourd'hui... N'empêche. A la première minute je t'ai parlé. Pouvais-je te parler plus tôt ? et pouvais-je t'entendre parler de la grossièreté de ton père avec moi. Pierre, je suis ignoble ! je le dis sans pleurer : ton père était si tendre, il était si profondément malheureux.

— Je le hais, dis-je.
— Mais je l'ai dégradé, dit ma mère.
— Il t'a violée, je ne suis que l'horreur qui en résulte ! Quand tu m'as dit : j'ai mis son

visage en sang, j'étais malheureux, mais j'aurais déchiré le visage avec toi, maman !

— Pierre ! tu n'es pas son fils mais le fruit de l'angoisse que j'avais dans les bois. Tu viens de la terreur que j'éprouvais quand j'étais nue dans les bois, nue comme les bêtes, et que je jouissais de trembler. Pierre, je jouissais pendant des heures, vautrée dans la pourriture des feuilles : tu naissais de cette jouissance. Jamais je ne m'abaisserai avec toi, mais tu devais savoir ; Pierre, si tu veux, déteste ton père, mais sinon moi, quelle mère aurait pu te parler de la rage inhumaine dont tu viens ? J'avais la certitude d'être d'autant plus libidineuse, je n'étais qu'une enfant, que le désir brûlait dans moi sans limite concevable, monstrueusement. Tu as grandi et j'ai tremblé pour toi, tu sais comme j'ai tremblé.

Bouleversé, je pleurai. Je pleurai de la peur que ma mère avait eue pour ma vie, peu m'importait, ces larmes se chargeaient d'une douleur autrement profonde, lourde, si elles me débordaient c'est que ces larmes en moi touchaient enfin l'extrémité des choses, l'extrémité de toute la vie.

— Tu pleures, me dit ma mère, tu ne sais pas pourquoi, mais pleure encore...

— Maman, lui dis-je, ce sont des larmes de bonheur, je crois... Je ne sais plus...

— Tu n'en sais rien. Laisse-moi parler. Efforce-toi de m'écouter. J'aime mieux parler que de pleurer moi-même à mon tour. J'aimerais qu'à l'entrée de Réa tu ne l'accueilles pas le mouchoir mais le verre en mains. Je ne t'ai pas parlé de la vie que ton père et moi nous avons eue dans cet appartement, bien différente de ce que tu pensais. Je ne sais pas si j'aime vraiment les femmes. Je crois n'avoir jamais aimé que dans les bois. Je n'aimais pas les bois, je n'aimais rien. Je ne m'aimais pas moi, mais j'aimais sans mesure. Je n'ai jamais aimé que toi, mais ce que j'aime en toi, ne t'y trompe pas, ce n'est pas toi. Je crois que je n'aime que l'amour, et même dans l'amour, que l'angoisse d'aimer, je ne l'ai jamais sentie que dans les bois ou le jour où la mort... Mais d'une jolie femme je m'amuse sans tourment, justement sans angoisse : je m'apaise : je ne te révélerai rien, j'imagine, en te disant que seule une débauche désordonnée me donne un appréciable plaisir. Mais tout d'abord sans que ton père reçût de moi la plus humble satisfaction, j'eus des liaisons avec des filles et l'idée me vint vite d'en faire bénéficier le malheureux : cela répondait bien à l'aversion que j'ai des situations régulières. Voilà la turpitude : je l'introduisais dans ma chambre et lui demandai de participer. Tu comprends mal ? Souvent, je revenais avec deux filles dont l'une faisait l'amour avec ton père, l'autre avec moi. Parfois les filles amenaient des hommes et je m'en servais. Parfois même le cocher... Chaque soir devait me procurer les personnages d'une orgie nouvelle, puis je battis ton père, je le battais devant les autres. Jamais je ne me lassais de l'humilier, je l'habillais en femme, je l'habillais en pitre et nous dînions. Je vivais comme une bête et s'il s'agissait de ton père il n'était plus de borne à ma cruauté. Je devenais démente. Pierre, tu sauras bientôt ce qu'est la passion désœuvrée : c'est le bagne, au début, les délices d'un bordel, le mensonge crapuleux, puis l'enlisement et la mort qui n'en finit plus.

— Maman ! c'est trop...

— Buvons ! mais surtout n'oublie pas, je ne suis plus libre : j'ai signé un pacte avec la démence, et cette nuit, c'est ton tour, c'est ton tour de signer.

Ma mère riait. Elle riait de ce rire canaille qui m'écœure, qui me glace.

— Je ne veux pas, lui dis-je. Je ne te laisserai pas. Tu me parlais doucement et soudain comme

une étrangère, comme si tu me voulais du mal.
— Je te rends fou !
— Oui, j'ai peur. Parle-moi de ta vie dans les bois !
— Non ma vie n'est plus qu'une ordure. Tu as raison, c'est ton père qui m'a vaincue.
— Jamais ! criai-je, regarde-toi ! regarde-moi : tu vois, je suis l'enfant de la fête des bois.
— L'enfant libidineux ? demanda-t-elle.
— Tu le sais bien, l'enfant libidineux !

Je regardai ma mère. Je la pris dans mes bras. Elle revenait doucement à ce calme orageux qui était le calme du désir, qui était l'épanouissement de son désir exaspéré. Je lisais dans ses yeux ce tranquille bonheur et je savais qu'il n'allait pas contre son angoisse, mais qu'il l'adoucissait, la rendait délectable. Je savais du tourment qui la détruisait qu'il était grand, plus grande l'audace qui l'emportait sur toute crainte imaginable. Elle croyait au fragile enchantement qui faisait taire insidieusement la profonde souffrance. Et déjà nous soulevait ensemble l'enjouement qui nous ramenait à ce monde du plaisir où dans les ronces et dans la rage ma mère jeune avait trouvé sa voie divine. A ce moment, mon ironie, le léger mouvement de mon ironie, me donnait la force de défier ce qui jadis me terrassait, qui me donnait maintenant ce voluptueux tremblement, et devant quoi je ne cesserais plus de sourire.

Dans ce calme silence et dans ce bonheur à nous-mêmes inintelligible, je regardais ma mère. Mon bonheur m'étonnait d'autant plus que le désir me portait moins au déchaînement effréné que j'avais connu dans la solitude, qu'à la contemplation d'un vice parfait que, comme une drogue, mais avec une lucidité cruelle, m'ouvrit le vertige de la possibilité infinie. Autrement dit, j'étais moins troublé par Réa, qui pouvait me donner de tangibles apaisements, que par ma mère, dont je ne pouvais attendre, cependant, que l'extase immatérielle de la honte. Réa m'attirait sans doute mais en elle je désirais moins les facilités du plaisir que l'objet associé aux désordres de ma mère, et j'aimais dans ma mère la possibilité d'un désordre éperdu que pour moi le plaisir charnel ne pouvait suivre, qu'il n'aurait pu changer en une agréable satisfaction. Je n'avais pu que dans l'ivresse de la boisson ou dans ma frénésie solitaire ne plus me soucier de ma mère, mais de son amie. Je ne doutais plus maintenant de mon erreur et me disposais, si, comme la veille je l'avais fait, je touchais, j'embrassais Réa, à ne plus voir en elle que l'accès, par un détour, à ce qui, dans ma mère, était inaccessible pour moi.

Je dus m'éloigner un instant. Réa survint. Quand je rentrai, dans un bruit de rires et de baisers, je mis dans les mains des verres que j'emplis. Le champagne les débordait.

— Mais, Pierre, gémit Réa, tu ne m'as pas encore embrassée.

— Je reviens, dit ma mère. Je vais mettre une jolie robe.

Aussitôt j'étreignis Réa.

— Pierre, dit Réa, je t'ai promis, rappelle-toi...

Je devins rouge.

— Ta mère elle-même me l'a rappelé. Nous avons ri.

— C'est embarrassant, dis-je.

Elle se tint devant moi, me défiant, riant de voir mes lèvres barbouillées de rouge.

(Réa riant de mes lèvres barbouillées, liée à la surprise de ma figure vue dans la glace, Réa dont je ne puis séparer l'image du goût de rouge à lèvres resté pour moi celui de la débauche, Réa devant moi suspendue à l'instant de livrer d'elle-même une obscénité sans nom, n'a pas cessé de me hanter : Réa me regarde encore aujourd'hui de la même façon mais aujourd'hui son beau visage — je puis dire aussi bien son visage ignoble — est retiré de la magie du champagne débordant. En moi ce visage, maintenant, ne surgit que du fond des temps.

Sans doute en est-il de même de tous les visages dont ce récit fait naître le reflet. Mais, entre autres, le souvenir de Réa a ce privilège de n'être lié qu'à une très fugitive apparition et de se prolonger de l'obsession d'une toile de fond sur laquelle se détache son obscénité. Cette toile de fond est le carmel où le suicide de ma mère devait un an plus tard précipiter Réa. Heureuse Réa, devant laquelle s'ouvrit le refuge auquel ce récit ne mène pas, dont il détourne...

Telle est en effet ma fierté : de faire attendre le malheur, le seul malheur, à celui qui lisant ce livre malheureux est digne d'appeler sur lui le seul bien digne de ce nom, le seul qui ne peut le tromper...

Réa ne put aller au bout de ce risible sacrifice : elle devait du moins épargner à ce don qu'elle faisait sans limite de son corps, de l'intimité et de la risibilité de sa joie, le passage ordinaire à l'opération limitée.)

La terreur implicite dans les lignes qui précèdent me permet de glisser sur la scène que l'absence de ma mère rendit possible. Si j'en avait décrit les aspects facétieux, par là j'aurais eu l'intention d'en montrer le terrible enjeu — que plus tard révéla l'entrée au carmel de Réa.

D'elle-même Réa ne pouvait permettre d'apercevoir la terreur qui l'habitait. L'habitait-elle, d'ailleurs ? Sans doute à la manière de l'enfant, qui s'amuse au bord de l'abîme et de l'abîme n'a le sentiment qu'ayant glissé, si la ronce retenant sa jupe a seule évité la chute effrayante. L'enfant n'en a pas moins défié l'abîme.

Quand elle se releva d'une posture incommode, Réa riait.

Mais pouvais-je oublier les yeux fous, ces yeux qui regardaient de l'autre monde, du fond de leur obscénité ?

Maintenant Réa riait. Elle riait, cette fois-là, tendrement.

— Tu m'as mis la tête à l'envers, disait-elle.

Je lui répondis dans un souffle :

— J'ai moi-même la tête à l'envers.

— J'appelle ta mère, dit-elle.

Sur la pointe des pieds ma mère entra.

Elle entra par une porte inattendue.

Quand je sentis ses mains couvrant mes yeux, qu'elle se laissa prendre de ce fou rire qui, dans son irrésistible envolée, pourtant lui était étranger (comme le loup noir dont la veille du suicide elle était masquée), et que dans mon oreille, elle cria faiblement « coucou ! », j'imaginai que personne n'avait plus perversement retrouvé l'heureux désordre de l'enfance. Ma mère était, dans une robe merveilleuse, outrageusement belle. Le décolleté du dos était à la limite de l'indécence. La prenant dans les bras, mon émoi prolongeait celui que l'indécence illimitée celle-là de son amie venait de me donner. J'aurais voulu mourir d'un renversement éperdu, dont je pense aujourd'hui que rien n'approche.

Réa, rose de bonheur, passait les verres.

Elle me dit à voix basse, me serrant contre son épaule :

— Mon puceau ! mon chéri ! je suis ta femme. Buvons avec ta mère à notre bonheur !

Ma mère leva son verre :

— A vos amours ! dit-elle. Elle reprenait soudain le ton canaille qui me glaçait.

Réa et moi lui répondîmes. Nous avions hâte de boire, d'enchaîner dans la folle ivresse, qui seule serait à la mesure de la fièvre de nos esprits.

— Maman ! lui dis-je, allons dîner. J'ai déjà

bu, mais je veux boire encore. Est-il une mère plus merveilleuse ? plus divine ?

Elle avait un immense chapeau noir qu'un immense panache enveloppait d'une candeur de neige ; ce chapeau reposait sur un édifice impalpable de cheveux blonds ; sa robe avait la couleur de la chair. Pourtant grande, ma mère me paraissait infime, légère, toute en épaules, en regards célestes : elle était, dans ces falbalas prétentieux, le léger oiseau sur la branche, plutôt le léger sifflement de l'oiseau.

— Tu sais, maman, ce que tu perds dans ces atours ?

— ...

— Ta gravité, maman, toute ta gravité ! Comme si tu levais le poids de tout le sérieux du monde. Tu n'es plus ma mère. Tu as treize ans. Tu n'es plus ma mère : tu es mon oiseau des bois. Ma tête tourne, maman. Déjà ma tête tourne trop vite. N'est-ce pas, maman, c'est mieux de perdre la tête ? Je l'ai perdue.

— Maintenant, dit ma mère, je te laisse Réa. Je dîne, Pierre, avec d'autres amies, qui m'attendent dans la même maison, mais elles dînent dans une autre salle, aussi bien défendue de l'indiscrétion que la vôtre.

Je balbutiai :

— D'autres amies ?

— Oui, Pierre, d'autres amies, qui ne laisseront pas longtemps reposé sur moi ce chapeau, ni cette robe.

— Ah maman, j'ai beau faire...

— Mais Hélène, dit Réa, tu dînes avec nous. Hansi ne t'attend que beaucoup plus tard.

— Tu avais dit, maman, que nous devions rire ensemble comme des enfants. N'as-tu pas mis un costume pour rire ? Je veux rire avec toi pour t'adorer.

— Mais si je reste, comment vous amuser ? C'est si difficile d'attendre.

— Nous nous amuserons sous la table, dit

Réa. Pour rire. Et quand tu partiras, nous nous amuserons pour de bon.

— Pourquoi pas ? dit ma mère. Il est vrai qu'aujourd'hui, je suis d'humeur à rire. Mais, Pierre, tu pourrais avoir peur. N'oublies pas qu'aujourd'hui, mon chapeau ne tient pas sur ma tête et que je suis plutôt la bête des bois. Tant pis, tu m'aimeras comme je suis. Que penses-tu que j'étais dans les bois ? J'étais déchaînée. Je n'avais pas de costume pour rire.

— J'ai peur, c'est vrai, mais je veux avoir peur. Maman, fais-moi trembler.

— Bois-donc, me dit-elle. Et maintenant, regarde-moi !

Son regard me fuyait. Elle pouffait. Elle était devenue graveleuse et, sournoise, elle semblait n'avoir plus pour moi que la haine, *la lèvre inférieure rentrée*.

— Rions ! cria Réa. Maintenant, faisons-le rire. Pierre, il est temps d'être idiot. Buvons toujours. Hélène aussi va rire. A tout à l'heure, Hélène... Pierre, il est si grave.

— C'est, dit ma mère, le plus niais des enfants. Faisons-le rire.

— C'est si doux d'être niais, entre des folles leur dis-je. N'ayez pas peur ! Faites-moi rire ! A boire encore !

Réa me couvrit à nouveau de rouge à lèvres et me chatouilla si insidieusement que je me trémoussai comme un perdu.

— Descendons, dit ma mère, la voiture est là.

Dans le coupé commença le grand désordre. Les fous rires éclataient. Réa se déchaînait. Quand elle sortit, elle n'avait plus de jupe. Dans des pantalons très ouverts, elle se précipita dans l'escalier. Ma mère en courant la suivit, la jupe de Réa sur le bras. Je les suivis tout aussi vite, le chapeau absurde de ma mère à la main.

Nous filions, nous riions.

Un garçon s'effaça, salua. Il ouvrit la porte

que ma mère aussitôt que nous fûmes entrés ferma en la claquant.

Ma mère essoufflée renversa Réa, se jeta sur elle.

Soudain, elle s'arrêta, et se releva.

— Pierre, dit-elle, j'ai trop bu, je suis folle. Il fallait m'arrêter, mais que Réa est drôle, qu'elle est jolie en pantalons ! Pierre ! j'en suis sûre : ce sera ton premier dîner avec une jeune fille en pantalons. Comme c'est triste pour moi d'être devenue trouble-fête. Nous ne pouvions continuer de faire les folles... A présent, je suis dégrisée. A présent, je vais vous laisser.

— Non, maman, tu dînes avec nous.

Gravement, congestionné, je regardai ma mère et je lui pris les mains. J'étais au comble du délire. Discrètement, sous la table, Réa me caressait. Ma mère aussi me regardait, comme si les regards griffaient.

Très bas, je murmurais :

— Je voudrais ne jamais bouger.

Ma mère un long moment me regarda. Réa se serrait entre nous sur le sofa, les pantalons défaits et la main gauche perdue dans la robe rose.

— Mais les verres sur la table sont vides ; c'est dommage, dit ma mère.

— J'attrape la bouteille, dit Réa.

Elle se leva. Mais elle était déboutonnée, le pantalon glissa. Ma mère sourit, la lèvre dans la bouche.

Je lui pris la bouteille des mains. Derrière nu, elle s'assit et ses mains reprirent leur discrète occupation.

— Hélène, dit Réa, la voix basse, je ne suis pas en costume de salon particulier. Tu devrais m'ôter mon corsage. Tu le vois, je suis occupée.

Réa n'avait gardé qu'un faux corset de dentelles noires qui dénudait les seins mais maintenait les bas.

— Si nous étions seuls, je fuirais, j'aurais peur de Réa, pensais-je.

— Je n'ai plus le courage de vous quitter, gémit ma mère.

— Mangeons maintenant, dit Réa dégageant ses mains. Mais buvons d'abord.

Ma mère et moi nous inclinâmes ensemble sur Réa qui buvait entre nous. Notre plaisir avait été d'autant plus grand que seul à ce moment notre silence et la congestion du visage la trahissait. Pendant quelques minutes, ma mère et moi usâmes de Réa aussi sournoisement que Réa le faisait de nous l'instant d'avant. Nous mangeâmes. A nouveau les regards irrités de ma mère et les miens se possédèrent. A la fin notre jeu dut s'interrompre. Réa gémit :

— Du champagne, Pierre, donne-moi du champagne, je n'ai plus faim. Vous m'avez énervée. Je veux boire et je ne m'arrêterai plus que je roule sous la table. Verse, Pierrot, je veux un verre plein, le mien, le tien, buvons toujours, je ne bois plus à ta santé mais à mon caprice. Tu sais ce que j'attends de toi. Tu sauras que j'aime le plaisir. Je l'aime éperdument. Entends-moi bien : je l'aime éperdument et je ne l'aime qu'au point de me faire peur. Ta mère...

— Elle est partie, lui dis-je. J'en avais la gorge serrée.

— Nous ne l'avons pas entendue. Nous gênait-elle ? J'aurais voulu la savoir là ; mais elle ne voulait pas. C'est curieux comme nous avons peur. Si nous n'avions pas peur, ça nous ferait chier !

— O ! dit-elle. Elle ne riait pas.

Le mot, comme elle, m'avait fait sauter. Je me jetai sur elle et je l'embrassai avec une sorte de chiennerie.

— Je l'avais oublié, lui dis-je. Tu es nue.

— Je suis à poil dit-elle. Je suis la première fille que tu aies, mais c'est la plus cochonne.

Ma langue redoublait de chiennerie. Je regardai Réa comme j'avais regardé ma mère.
— Réa, lui dis-je, je ne sais pas si je suis cochon, mais, j'en suis sûr, je suis atroce.

....

J'avais fait l'amour avec Réa, mais bien plutôt j'avais passé ma rage sur elle. Ma mère m'avait quitté, j'aurais voulu pleurer et ces sauts dans nos embrassements étaient les lourds sanglots dont j'étouffais.

Cet éclat renversant du ciel est celui de la mort elle-même. Ma tête tourne dans le ciel. Jamais la tête ne tourne mieux que dans sa mort.

Jamais un instant je n'imaginai dans la violente passion que ma mère m'inspirait qu'elle pût même dans le temps de l'égarement devenir ma maîtresse. Quel sens aurait eu cet amour si j'avais perdu un iota du respect sans mesure que j'éprouvais — et dont, il est vrai, j'étais désespéré ? Il m'arriva de désirer qu'elle me battît. J'avais horreur de ce désir, encore qu'il devînt, quelquefois, lancinant ; j'y voyais ma tricherie, ma lâcheté ! Il n'y eut jamais entre elle et moi rien de possible. Si ma mère l'avait désiré, j'aurais aimé la douleur qu'elle m'aurait donnée, mais je n'aurais pu m'humilier devant elle : m'avilir à ses yeux, aurait-ce été la respecter ? Afin de jouir de cette adorable douleur, j'aurais dû la battre en retour.

Je me souviens de ce qu'un jour Hansi devait me redire d'un propos que ma mère lui avait tenu (Hansi, la seule des filles avec laquelle je sus vivre longtemps — dans un bonheur repu). Hansi. Ma mère avait voulu, mais bien en vain, la dévoyer. Elle épousa, quand nous nous quittâmes, un homme remarquable, que je connus, qui lui donna une vie heureuse, équilibrée. Elle en eut un enfant que jamais je n'ai vu sans joie. Après notre rupture elle n'a pas cessé, mais rarement, de coucher avec moi ; elle ne m'aimait plus de la même façon, elle aurait voulu me guérir, et en effet elle m'apaisait, toujours me ramenant à la nuit silencieuse d'une sensualité sans désordre et pourtant sans mesure. Ma mère lui disait que le mal n'était pas de faire ce qu'elle lui demandait, mais bien de vouloir y survivre : elle aurait voulu l'entraîner dans une orgie si impardonnable que la mort seule y eût mis fin. Bien qu'elle connût le caractère insensé de ma mère, Hansi ne voyait là que la froide ironie. Non qu'elle doutât, bien au contraire, d'un danger du plaisir éperdu, mais elle pensait que pour ma mère — aussi bien que pour elle-même — il n'y avait pas de plaisir coupable. Ma mère se bornait, pensait-elle, à reconnaître une impossibilité de venir à bout du désir qui, s'il n'est pas accommodé par la raison, mène à la mort. Il est vrai que la cruauté, qui pouvait être délirante, de Hansi donnait à sa pensée un fondement appréciable. Ma mère devait toutefois parler sans ironie. Hansi est très subtile, et fort intelligente. Elle ne put néanmoins que pressentir assez vaguement ce que dissimula l'apparente sérénité ou, pour reprendre les mots mêmes dont elle se servit, « la majesté polissonne » de ma mère. Vaguement, du moins, elle le pressentit bien : ma mère la terrifiait, ma mère pour laquelle Hansi a compté beaucoup. Plus qu'aucune autre, sauf Charlotte, qui était ma cousine et que, cependant, je ne devais connaître que bien plus tard. Mais Charlotte, comme ma mère, appartenait au monde où la volupté et la mort ont la même dignité — et la même indignité —, la même violence, et pourtant la même douceur.

Ce qui dans mes amours avec ma mère est le

plus obscur est l'équivoque qu'y introduisirent un petit nombre d'épisodes risqués, d'accord avec le libertinage, qui fut toute la vie de ma mère, et qui s'empara peu à peu de toute la mienne. Il est vrai qu'à deux reprises au moins nous avons laissé le délire nous lier plus profondément, et d'une manière plus indéfendable que l'union charnelle n'aurait pu le faire. Nous en eûmes conscience ma mère et moi, et même dans l'effort inhumain que d'accord nous avons dû faire afin d'éviter le pire, nous avons reconnu en riant le détour qui nous permit d'aller plus loin et d'atteindre l'inaccessible. Mais nous n'aurions pas supporté de faire ce que font les amants. Jamais l'assouvissement ne nous retira l'un de l'autre comme le fait la béatitude du sommeil. Comme Iseult et Tristan avaient entre eux l'épée par laquelle ils mirent fin à la volupté de leurs amours, le corps nu et les mains agiles de Réa jusqu'au bout demeurèrent le signe d'un respect effrayé qui, nous séparant dans l'ivresse, maintint sur la passion qui nous brûlait le signe de l'impossible. Pourrais-je attendre plus longtemps pour en donner le dénouement ? Le jour même où ma mère comprit qu'elle devrait à la fin céder, jeter à la sueur des draps ce qui m'avait dressé vers elle, ce qui l'avait dressée vers moi, elle cessa d'hésiter : elle se tua. Pourrais-je même dire de cet amour qu'il fut incestueux ? La folle sensualité où nous glissions n'était-elle pas impersonnelle et semblable à celle si violente de ma mère au moment où elle vivait nue dans les bois, où mon père la viola ? Le désir qui souvent me congestionna devant ma mère, indifféremment je pouvais le satisfaire dans les bras d'une autre. Ma mère et moi nous mettions facilement dans l'état de la femme ou de l'homme qui désirent et nous ragions dans cet état, mais je ne désirais pas ma mère, elle ne me désirait pas. Elle était comme je sais qu'elle était dans les bois, je lui tenais les mains et je savais qu'elle était devant moi comme une ménade, qu'elle était folle, au sens propre du mot, et je partageais son délire. Si nous avions traduit ce tremblement de notre démence dans la misère d'un accouplement, nos yeux auraient cessé leur jeu cruel : j'aurais cessé de voir ma mère délirant de me regarder ; ma mère aurait cessé de me voir délirer de la regarder. Pour les lentilles d'un possible gourmand, nous aurions perdu la pureté de notre impossible.

Etais-je même amoureux de ma mère ? J'ai *adoré* ma mère, je ne l'ai pas aimée. De son côté, j'étais pour elle l'enfant des bois, le fruit d'une volupté inouïe : ce fruit, elle l'avait nourri dans sa dévotion enfantine, retour de la folle tendresse, angoissée et gaie, qu'elle me donnait, rarement, mais qui m'éblouissait. J'étais né de l'éblouissement de ses jeux d'enfant, et je crois qu'elle n'aima jamais un homme. Et moi, jamais elle ne m'aima dans le sens où Hansi m'aima, mais elle n'eut dans sa vie qu'un violent désir, celui de m'éblouir et de me perdre dans le scandale où elle se voulait perdue : à peine eut-elle dessillé mes yeux qu'elle devint moqueuse, rageuse sa tendresse se changea en volonté avide de me corrompre, de n'aimer plus en moi que la corruption où je sombrais. Mais sans doute pensait-elle que la corruption, étant le meilleur d'elle-même, en même temps que voie d'un éblouissement vers lequel elle me guidait, était l'accomplissement qu'appelait cette mise au monde, qu'elle avait voulue. Ce qu'elle aima, c'était toujours le fruit de ses entrailles. Rien ne lui fut plus étranger que de voir un homme en moi, qu'elle aurait aimé. Un homme jamais n'occupa sa pensée, jamais ne pénétra que pour l'assouvir, dans le désert où elle brûlait, où elle aurait voulu qu'avec elle la silencieuse beauté des êtres, anonyme et indifférente, se détruisît salement. Y aurait-il eu dans ce royaume libidineux place pour la tendresse ? Les tendres sont bannis de ce royaume, auquel la parole de l'évangile conviait : *violenti rapiunt illud*. Ma mère me destinait à cette violence, sur laquelle elle régnait. Il y avait en elle et pour moi un amour semblable à celui qu'au dire des mystiques Dieu réserve à la créature, un amour appelant à la violence, jamais ne laissant la place au repos.

Cette passion est aux antipodes de l'amour que j'eus pour Hansi, qu'Hansi eut pour moi. J'en ai fait longtemps l'expérience, avant que ma mère ne nous chassât de notre royaume de tendresse. Hansi, je tremblais de la perdre, je la cherchais comme l'assoiffé la source vive. Hansi était la seule : en son absence nulle autre n'aurait pu me consoler. Lorsque ma mère revint d'Egypte, je ne me réjouis pas de ce retour : je pensais je n'avais pas tort, que ma mère aussitôt détruirait mon bonheur. Je puis me dire que j'ai tué mon père : peut-être mourut-elle d'avoir cédé à la tendresse du baiser sur la bouche que je lui donnais. Ce baiser, dès l'abord, me révolta, et je ne cesse pas d'en grincer des dents. La mort que ma mère se donna le jour même m'en sembla si bien l'issue que je ne pleurai pas (mais la douleur sans larmes est peut-être la plus dure). J'ose à peine dire ce que je pense : l'amour qui nous lia, ma mère et moi, était de l'autre monde. Je voudrais être supplicié (je me dis tout au moins que je le voudrais !) : la force, évidemment, me manquerait. Pourtant je voudrais rire dans mon supplice. Je ne désire pas revoir ma mère et pas même en faire apparaître insidieusement l'insaisissable image, celle qui, tout à coup, force au gémissement. Elle a toujours dans mon esprit la place que marque mon livre. Il me semble le plus souvent que j'adore ma mère. Aurais-je cessé de l'adorer ? Oui : ce que j'adore est Dieu. Pourtant, je ne crois pas en Dieu. Je suis donc fou ?

Ce que seulement je sais : si je riais dans les supplices, pour fallacieuse qu'en soit l'idée, je répondrais à la question que je posais en regardant ma mère, que posait ma mère en me regardant. De quoi rire, ici-bas, sinon de Dieu ? Assurément, mes idées sont de l'autre monde (ou de la fin du monde : je pense parfois que la mort seule est l'issue de la sale débauche, singulièrement de la plus sale, qu'est l'ensemble de toutes les vies ; il est bien vrai que, goutte à goutte, notre vaste univers ne cesse pas d'exaucer mon vœu).

Quand la femme de chambre m'appela pour le déjeuner servi, elle m'annonça que le matin même Madame avait quitté Paris. Elle me remit la lettre que ma mère m'avait laissée.

Je m'étais éveillé malade.

Dans le désordre de mes nerfs la nausée s'empara de tout mon esprit. Je sentis à travers ma souffrance la dureté de la lettre de ma mère.

« Nous avons été un peu loin, disait-elle, et si loin qu'à présent je ne puis plus te parler comme une mère. Il me faut cependant te parler comme si rien ne pouvait nous éloigner l'un de l'autre, comme si je ne devais pas te gêner. Tu es trop jeune, trop près du temps où tu priais... Je n'y puis rien. Je m'indigne moi-même de ce que j'ai fait. Mais j'ai l'habitude, et pourrais-je m'étonner d'être dépassée par ma folie ? Il me faut un courage que tu dois sentir pour m'adresser à toi si nous devions avoir la force d'endurer. Peut-être devineras-tu dans mes phrases, si tristes soient-elles, que je m'efforce d'atteindre en toi ce qu'elles atteindraient si dans un monde inconcevable une pure amitié nous liait qui ne concerne que nos excès. Cela me semble du verbiage. J'en suis révoltée mais l'impuissance et la révolte ne changent pas ce que je suis.

Pour longtemps, pour des mois, peut-être des années, je renonce à te voir. Il me semble à ce prix que dans cette lettre, et déjà séparée de toi par l'immense voyage entrepris, je puis te dire ce qui, si je te parlais de vive voix, ne serait pas tolérable. Tout entière, je suis celle que tu as vue. Quand une fois je t'ai parlé, je serais morte plutôt que de ne pas être à tes yeux, devant toi, ce que j'aime être. J'aime les plaisirs que tu as vus. Je les aime à tel point que tu cesserais de compter pour moi si je ne savais pas que tu les aimes aussi désespérément que moi. Mais c'est trop peu de dire que j'aime. J'étoufferais si je cessais de vivre un instant sans rendre claire la vérité qui m'habite. Le plaisir est toute ma vie. Je n'ai jamais choisi et je sais que je ne suis rien sans le plaisir en moi, que tout ce dont ma vie est l'attente ne serait pas. Ce serait l'univers sans la lumière, la tige sans la fleur, l'être sans la vie. Ce que je dis est prétentieux, mais surtout est plat auprès du trouble qui me tient, qui m'aveugle au point même que, perdue en lui, je ne vois plus, je ne sais plus rien. T'écrivant, je comprends l'impuissance des mots, mais je sais qu'à la longue, en dépit de leur impuissance, ils t'atteindront. Tu devineras quand ils t'atteindront ce qui ne cesse pas de me renverser : de me renverser les yeux blancs. Ce que des insensés disent de Dieu n'est rien auprès du cri qu'une si folle vérité me fait crier.

Maintenant, tout ce qui dans le monde est lié nous sépare. Nous ne pourrions plus désormais nous rencontrer sans désordre et, dans le désordre, nous ne devrons plus nous rencontrer. Ce qui te lie à moi, ce qui me lie à toi est désormais lié jusqu'à l'intolérable et nous sommes séparés par la profondeur de ce qui nous lie. Que pourrais-je ? Te choquer, te détruire. Pourtant, je ne me résigne pas à me taire. Je te déchirerai mais je parlerai. Car je t'ai tiré de mon cœur et si la lumière un jour m'atteignit, c'est de t'avoir dit le délire où je t'ai conçu. Mais mon cœur, et toi-même, en quoi pourrais-je les distinguer de mon plaisir, de mon plaisir, de ton plaisir, de ce que, comme elle l'a pu, Réa nous a donné ? J'en parle : je sais que c'est cela, puisque c'est arrivé, qui devrait m'obliger au silence. Mais si je parle de mon cœur, de ce cœur d'enfant d'où je t'ai tiré, d'où je tire à jamais ce lien du sang qui veut que ma souffrance me fasse gémir à côté de toi, que ta souffrance te fasse gémir à côté de moi, ce n'est pas seulement de souffrance et de gémissement qu'il s'agit, mais du joyeux délire qui nous portait quand les mains dans les mains nous nous regardions. Car notre supplice était bien le plaisir qui nous débordait — ce que Réa plaçait très bas, qu'elle plaçait aussi bas qu'il fallait. Réa ne m'a pas caressée vraiment : contre elle, je me tordais et je délirais devant toi comme — en ton absence — je me suis tordue et j'ai déliré quand je t'ai conçu. Je ne peux plus me taire et malgré moi, ce qui gémit, ce qui délire encore en moi me fait parler. Je n'aurais pas pu te revoir. Ce que nous avons fait, nous ne pouvons pas le refaire et pourtant, devant toi, je ne songerais qu'à le refaire. Et t'écrivant, je sais que je ne puis te parler mais rien ne pourrait faire que je ne parle pas. Je quitte Paris, je m'en vais le plus loin possible, mais partout je serai jetée dans le même délire, loin de toi comme auprès de toi, car le plaisir en moi n'attend personne, il émane de moi seule, du déséquilibre en moi qui ne cesse de me tordre les nerfs. Tu peux le voir, ce n'est pas de toi qu'il s'agit, je me passe de toi et je veux t'éloigner de moi, mais s'il s'agit de toi je veux être dans ce délire, je veux que tu le voies, je veux qu'il te détruise. En t'écrivant je suis entrée dans ce délire : tout mon être en lui-même est crispé, ma souffrance crie en moi, elle m'arrache hors de moi de la même façon que je sus, en te faisant naître, t'arracher de moi. Dans cette torsion, dans son impudence, je ne suis plus qu'un cri qui plutôt que d'amour est de haine. Je suis tordue d'angoisse et je le suis de volupté. Mais ce n'est pas d'amour, je n'ai que de la rage. Ma rage t'a mis au monde, cette rage à laquelle le silence est imposé mais dont hier j'ai compris en te regardant que tu entendais le cri. Je ne t'aime pas, je reste seule, mais ce cri perdu, tu l'entends, tu ne cesseras pas de l'entendre, il ne cessera pas de t'écorcher, et moi, jusqu'à la mort, je vivrai dans le même état. Je vivrai dans l'attente de cet autre monde où je suis dans le paroxysme du plaisir. J'appartiens tout entière à cet autre monde et tu lui appartiens tout entier. Je ne veux rien savoir de ce monde ratissé par ceux dont la patience attend que la mort les éclaire. Je vis, moi, dans le souffle de la mort, je cesserais d'exister pour toi si un instant tu oubliais que c'est pour moi le souffle du plaisir. J'entends du plaisir équivoque. Je t'ai parlé des bois et des outrages aux mœurs que j'y cherchais. Rien n'était pur, rien n'était plus divin, plus violent que ma volupté des bois. Mais il y a une introduction : sans cette introduction, il n'y aurait pas eu de plaisir et je n'aurais pu dans les bois renverser ce monde-ci pour y trouver l'autre. Ce qui retirait les vêtements de la petite fille à l'entrée des bois, c'étaient ses lectures du grenier d'Ingerville. Je te laisse un débris de ce grenier. Tu trouveras dans ma chambre dans le tiroir de la coiffeuse un livre intitulé *Maisons closes, pantalons ouverts :* en dépit de sa pauvreté, qui n'est pas seulement celle du titre, il te donnera l'idée de l'étouffement qui me délivra. Si tu savais comme j'ai respiré l'air des bois quand j'ai vu par terre, devant toi, les photographies paternelles. Dans la même poussière ! J'aurais embrassé ton visage sali. La poussière du grenier ! Je savais, moi, dans quel état... Le seul que j'ai voulu pour moi, qu'à jamais j'appellerai, que j'ai voulu pour toi, pour lequel, le jour où la rage m'a prise, l'ayant voulu pour toi, je séchai de soif : cet état dont il n'est personne en public qui ne se détourne de honte. Je rêvais alors que tu voies mes yeux vitreux, malheureuse assoiffée de ta chute et du désespoir que tu en aurais. Je suis sûre que jamais... et je me refuserais... Mais j'ai voulu te faire entrer dans mon royaume qui n'est pas seulement celui des bois mais celui du grenier. Je t'ai fait dans mon ventre un don de fièvre et c'est un autre don de ma fièvre que je fais te poussant dans l'ornière où nous sommes ensemble enlisés. Je suis fière avec toi de tourner le dos à tous les autres, le sens-tu ? Mais je t'étranglerais si, sournoisement — ou lourdement — tu prenais le parti des autres et si tu refusais le royaume de mon grenier.

Je pars avec Réa. Je te laisse seul avec Hansi, que tu ne connais pas. Hansi, je n'ai pu la corrompre, et quelque peine que j'y ai prise, c'est une jeune fille — une fausse jeune fille ? peut-être, mais si peu ! — que je mets dans ton lit. Qui le sait. Qui, d'accord, t'attendra demain. Tu ne douteras plus devant Hansi des déesses qui riaient sur ton berceau. En l'attendant, ces déesses sont aussi celles de mon grenier... »

Je l'ai dit, j'avais, quand je lus, la nausée : je ne me représentais clairement ni la tournure que prenaient mes relations avec ma mère ni la situation où me laissait un rendez-vous avec une fille qu'elle avait séduite. D'un malaise irrespirable, qui peut-être était merveilleux, il me semblait vain d'espérer sortir. J'étais soulagé du départ de ma mère et dans le brouillard où j'étais perdu il me sembla que cette lettre était bien celle que j'attendais, qu'elle m'enfonçait dans un malheur affreux mais qu'elle me donnerait la force d'aimer.

Ma mère avait fixé le rendez-vous avec Hansi

dans une maison semblable à celle où nous avions dîné avec Réa. Elle avait l'avant-veille après m'avoir quitté retrouvé Hansi à l'autre étage : sans doute voulut-elle (ou Hansi) éviter le souvenir oppressant du premier soir. J'avais entre-temps vécu dans l'attente. Dans une attente insupportable il est vrai, mais l'attente permet le sursis. Je la passai à lire dix fois la lettre de ma mère. Cette lettre me saoulait, même il me sembla que j'aurais dû boire, afin de la comprendre, afin de mieux lier l'ivresse au monde angoissant qu'elle m'ouvrait. J'entrai à l'heure dans le salon du rendez-vous. Je n'aurais pu ni m'asseoir ni fermer la porte, je n'aurais fui pour rien au monde, mais les glaces, les dorures et les lustres m'effrayaient. Le garçon me montra la sonnette et les commodités que dissimulait un meuble de palissandre. Dans cette buée fiévreuse il me sembla que, brusquement, Hansi venait d'entrer et qu'à voix basse le vieillard aux larges favoris, qui lui ouvrait le meuble de nouveau, lui disait : « Ce jeune homme de bonne apparence vous demandera de vous en servir devant vous » et la main oblique devant la bouche : « c'est odieux ! ». J'avais le sentiment d'une boucherie dans le plein été, quand l'odeur de la viande est forte. Il n'était rien qui ne fût là pour me prendre à la gorge. Je me souviens du post-scriptum de ma mère : « A l'idée de trouver un jeune homme inconnu dans une maison aussi louche, Hansi est elle-même effrayée. Elle est plus effrayée que toi. Malgré tout, la curiosité l'emporte en elle. Elle n'aime pas la prudence. Mais le dernier mot de ta mère te demande de la regarder comme si la salle où tu la trouveras était dans un palais de contes de fée. »

Debout dans ma fébrilité, mon image réfléchie à l'infini, dans les glaces tapissant les murs ou dans celles qui formaient le plafond, achevait de me laisser croire que j'étais endormi et que je rêvais — qu'un cauchemar éclatant me dissolvait. J'étais si absorbé par ce malaise que je n'entendis pas la porte s'ouvrir. Je ne vis Hansi que dans la glace : tout à côté de moi, elle souriait, mais il me sembla que malgré elle, légèrement, elle tremblait. Sans me retourner, je tremblais moi-même et je souriais. Je lui dis :

— Je ne vous avais pas entendue...

Elle ne répondit pas. Elle continuait de sourire. Elle jouissait de l'instant suspendu où rien, sous ces lumières multipliées, n'aurait pu être défini.

Je regardai longtemps le reflet de cette figure de rêve.

— Peut-être, dis-je, allez-vous disparaître aussi simplement que vous êtes venue...

— M'invitez-vous, dit-elle, à m'asseoir à votre table ?

Je riais, nous prîmes places et longuement nous nous regardâmes. Nous nous amusâmes, elle et moi, jusqu'à l'angoisse. Je balbutiai...

— Comment ne serais-je pas intimidé ?

— Je suis, dit-elle — et de l'instant je restai sous le charme de la voix — je suis aussi timide que vous, mais c'est un jeu d'enfant d'être timide. Si je vous intimide, Dieu merci ! vous paraissez en être heureux : vous voyez que de mon côté je suis dans l'embarras, mais que je suis heureuse d'être dans l'embarras. Qu'allez-vous penser de la fille pour venir vous trouver (ses yeux firent le tour de la salle) ici... sans vous connaître ?

« Non, dit-elle aussitôt, ne me répondez pas ! Votre mère m'a parlé de vous, mais de moi vous ne savez rien.

Le vieillard aux grands favoris que j'avais sonné emplit les verres et commença lentement de nous servir.

Le surcroît de gêne qu'apportaient sa présence et son attitude compassée avait dans cette maison de luxueuses coucheries quelque chose de plaisant : nous nous sentions liés, mais d'abord amusés, par une complicité que nous n'avions pas, que cet homme devait nous prêter, dont il était comique, mais à l'avance bien doux de penser qu'il nous la prêtât.

Cet homme enfin sortit.

— Je crois, me dit Hansi, que si j'étais capable de pleurer, cela serait moins étouffant. J'en suis incapable et pourtant cela répondrait mieux à la situation.

— Ne voulez-vous pas, demandai-je, que nous sortions ? Nous pourrions marcher.

— Non, fit-elle. Car je vous soupçonne après tout de trouver comme moi ce malaise délicieux. Ce que j'acceptais en entrant, chaque femme l'accepte à son mariage. Puis-je vous dire ce qui m'a décidé dans la proposition de votre mère ? Vous savez par votre mère que je ne suis pas une aventurière — ou que du moins je n'en ai pas l'endurcissement : mon expérience n'est pas à la mesure de la situation où je n'ai pas eu peur de me placer. Quand j'ai compris que vous n'en seriez pas moins gêné que moi, j'étais à l'avance si séduite que j'en aurais sauté de joie. Mais n'allez pas imaginer que je suis véritablement ce qu'on appelle une honnête fille. Serais-je, si je l'étais, fardée et parfumée comme je le suis ? Je puis, si vous voulez, exprimer ce qui nous arrive dans le vocabulaire le plus choquant. Je vous en parle sachant bien que vous ne me demanderez pas de le faire et que vous aurez avec moi autant d'égards que si j'étais la plus sotte des jeunes filles. Mais...

— Mais, dites-vous...

— A une condition... que vous soyez aussi troublé et que vous me sachiez aussi troublée que si j'avais l'habitude du plaisir. Je vous regarde droit, mais, si j'osais, je baisserais les yeux.

Je rougis (mais mon rire démentait ma rougeur).

— J'en suis ravie, mais je suis contente que, pourtant, vous m'ayez fait baisser les yeux.

Je la regardais, mais si j'avais rougi, et si j'éprouvais devant elle le ravissement qu'elle sut me donner si longtemps, je ne pouvais briser en moi le mouvement de provocation qui me dressait.

Un homme amoureux, quand la fille va céder, ressemble aussitôt qu'il le sait, à la ménagère qui regarde comme un trésor le lapin qu'elle va tuer.

— Je suis si malheureux, lui dis-je, d'avoir à vous tuer. Ne suis-je pas obligé d'être malheureux ?

— Vous êtes si malheureux ?

— Je rêve de ne pas vous tuer.

— Mais vous riez.

— Je rêve d'être heureux... malgré tout.

— Si j'étais amoureuse de vous ?

— Si l'enchantement dans lequel je suis ne se dissipait jamais ?...

— En venant je pensais vous plaire, vous amuser et m'amuser. J'étais troublée, je le suis toujours. Mais je ne savais pas que je vous aimerais. Retournez-vous !

Elle montrait le divan sous les glaces.

— Je m'effraye de ne pas être une vraie jeune fille et d'avoir le billot — quel billot ! — sous les yeux. Pourtant je vous désire. Je suis déjà venue dans cette salle ou plutôt dans une autre semblable. Je voudrais n'avoir jamais rien fait. Je voudrais n'avoir pas dans la mémoire tant d'images, mais si je n'aimais pas l'amour, serais-je ici ? Je vous supplie seulement de ne pas me prendre maintenant. C'est une souffrance pour moi de ne pas vous tenir dans les bras. Et pourtant je désire aussi que vous souffriez comme je souffre. Je ne voudrais, je ne pourrais même pas vous embrasser. Dites-moi que vous souffrez et que vous brûlez. Je voudrais me troubler de ma souffrance — et de la vôtre. Il n'importe si vous savez que je suis à vous tout entière. Je l'étais tout d'abord puisque j'étais venue. A présent je le suis dans le tremblement que vous voyez.

Elle parlait, se tordant les mains, riant un peu, mais dans ce tremblement prête à pleurer. Le silence qui suivit dura longtemps, mais nous avions cessé de rire, nous mangions. Un observateur inaperçu aurait pu voir de la haine dans la fixité vitreuse de nos yeux.

De nouveau, tristement, Hansi me parla : sa voix ne cessait pas de m'enivrer, comme si, tout à coup, quand je l'entendais, en moi une flamme claire surgissait de la braise brûlante.

— Pourquoi ne suis-je pas dans vos bras ? ne me le demandez pas, mais dites-moi que vous n'êtes pas en train de me maudire.

— Je ne vous maudis pas, lui dis-je : regardez-moi ! Je suis sûr que vous jouissez de notre malaise. Vous savez bien aussi que vous ne pouviez pas me donner de plus grand bonheur que ce malaise. Ne sommes-nous pas plus étroitement mêlés que nous ne pourrions l'être... sur le billot ?

— Vous le savez ! Le malaise m'abandonne à vous. Répétez-le : vous avez ressenti ce que je sens !

— Je n'imagine pas de plus grand bonheur.

Elle avait ma main dans la sienne et sa main se tordit : je vis qu'une insaisissable convulsion la saisit. Le sourire qui la détendit avait l'arrière-goût d'ironie du plaisir.

Le temps passait, coulait entre nos mains.

— Vous m'avez apaisée, dit-elle. Maintenant vous allez me laisser partir. Je voudrais m'endormir et me réveiller : nous serions nus et vous seriez en moi. Ne m'embrasse pas, je ne pourrais plus te quitter.

— Pourquoi nous quitterions-nous ?

— Ne me demande plus rien : chez moi, je veux dormir. Je dormirai douze heures. Je ferai ce qu'il faut pour cela. Lorsque je m'éveillerai, je saurai que tu arrives : j'aurai juste le temps de sortir du sommeil.

Son regard insensiblement se noyait.

Comme si, dans sa simplicité, elle allait s'endormir devant moi.

— Tu voudrais t'endormir avec moi ? me demanda-t-elle.

Je ne répondis pas.

— C'est impossible, tu le sais ! Tu vas me reconduire. Je t'attendrai demain. Nous irons déjeuner. Tu ne me quitteras plus.

Nous n'échangeâmes, dans la voiture ouverte, que peu de mots. Je n'ai pas oublié le trot du cheval, le claquement du fouet, l'immense animation des boulevards meublant un merveilleux silence. Un instant, à la dérobée, Hansi eut un rire en coin, comme si elle se moquait de moi.

Nous descendîmes et je demeurai seul. Je voulus marcher. L'état physique où m'avait laissé le bonheur d'Hansi me déconcertait. Des douleurs à l'aine me nouaient. Une véritable crampe me réduisit vite à n'avancer qu'à petits pas, en boitant. Je pensai au malaise sous les lumières trop fortes du restaurant. Il me semblait que l'échange de propos où nous délirions, à plaisir, avait eu la gaucherie d'un déshabillage, que l'extase de la délivrance, dont l'impudeur finale est l'image, ne nous avait pas manqué. J'arrêtai, pour rentrer chez moi, une autre voiture. Je souffrais, le ventre tordu, je devenais risible et néanmoins j'étais à bout d'excitation. Je m'enfermai dans cette jouissance pénible et dans un éréthisme douloureux. Je ne contrôlais pas les images troubles qui se suivaient, dans un état de rêve où je n'aurais su dire s'il était très heureux ou, au contraire, très malheureux, auquel finalement j'échappai vidé par un excès monstrueux de pollution

Je me réveillai tard, les yeux cernés. Je devais sans attendre me précipiter chez Hansi. Dans ma hâte fébrile, à peine si j'eus le temps de me redire que je l'aimais éperdument. Physiquement je souffrais encore, mais, les douleurs atténuées, j'admis la certitude de mon bonheur.

Dans l'appartement où j'entrai, dans la profonde bergère où la jolie soubrette me fit asseoir, je dus attendre. Une profonde angoisse me gagna. Soudain la vérité se faisait jour. Le temps me fut laissé de m'appesantir : « Hier, pensais-je, je ne pouvais rien savoir d'Hansi. Aujourd'hui l'évidence se fait : la jeune fille que j'aimais, que sans doute j'aime encore et ne pourrai cesser d'aimer, fait commerce de galanterie... Cette installation luxueuse, la fille aguichante à l'entrée (trop jolie, elle avait souri pour me dire : — Madame est désolée mais elle m'a priée de vous dire que vous devriez peut-être l'attendre un peu)... Que voulait dire aussi, la veille, l'impossibilité de ne pas me quitter au plus vite ? ou la désinvolture avec laquelle, à mes fins, ma mère en avait disposé — comme d'une fille dont le corps est disponible... Le pire était le mensonge du prétexte donné au refus de se donner à moi le premier soir. Je lui demanderai sans attendre avec qui elle venait sans attendre de me tromper. » J'étais si malheureux que je pensai partir, mais à peine l'avais-je pensé que je compris mon impuissance. Je ne partirai pas. A mon front, j'essuyai la sueur : je n'en pouvais plus. Je songeai à relire la lettre de ma mère. Cela même était impossible, je devais m'enfoncer dans la misère où la plus absurde passion, la plus injustifiée, venait de me faire entrer. Je ne pouvais qu'appesantir ma réflexion sur l'objet de cette passion : « Pouvais-je me plaindre d'avoir été trahi ? Même pas, car j'aurais dû admettre qu'elle m'appartenait. Je ne pouvais du reste l'accuser. Je n'avais pas la moindre preuve. Si Hansi, comme je le croyais, n'était qu'une fille galante, je serais vite perdu dans ses innombrables mensonges, que j'avalerais d'autant mieux que, déjà, la pensée de la perdre me glaçait. » Ma pensée battait la campagne : un instant le souvenir de ses propos m'engageait à croire que si elle voulait m'abuser, ce n'est pas ce qu'elle m'aurait dit. Je souffrais et, trop vivante en moi, l'image d'Hansi me fascinait. Je me souvins que, furtivement, dans le fiacre, elle m'avait regardé en riant (elle n'avait pas pensé que je la verrais) : elle était alors si belle qu'y songeant, j'aurais voulu qu'elle se moquât toujours de moi, qu'elle fît de moi ce que j'avais lu dans un livre pornographique, un esclave roué de coups, jouissant de ces coups, jouissant de son esclavage.

J'entendis la clé dans la porte. Hansi essoufflée se précipita.

— Je t'ai fait attendre, dit-elle. Regarde, je n'ai pas dormi.

Cravache en main, les cheveux roux sous le haut-de-forme luisant, Hansi, vêtue de noir en amazone, n'était pas seulement fascinante : elle était l'incarnation de la hantise qui venait à l'instant de me dresser.

Comme si elle m'avait deviné ! Rieuse, espiègle, elle saisit mes poignets.

— Mon costume te renverse. Je l'aime et j'aime le porter. Surtout n'y vois pas l'uniforme de mes vices. Je suis voluptueuse et je brûle de te le montrer : mais (elle désignait la cravache), je n'aime pas m'en servir. Tu es déçu ? le bruit est si joli...

J'avais, moi, la mine longue et la cravache siffla. Riante, elle menaça avec la fermeté de la dompteuse bravant la bête, elle s'avança vers moi.

— A mes pieds ! cria-t-elle. Regarde mes bottes.

Elle abandonna sa bravade : elle éclata de rire et relevant sa robe, elle montra les deux bottes dont le vernis luisait.

Elle minauda.

— Tu n'es pas docile. C'est dommage ! mais il faut dire que, chaussées par moi, je ne te donnerai pas l'occasion de les embrasser : elles ne sont bonnes à rien. Dis-moi maintenant ce qui t'attriste. Tu regrettes ?

Elle parlait seule ; elle était endiablée. Reprenant la cravache en main, elle en fit vertement claquer la mèche.

— Sais-tu ce qui m'a mise de cette humeur ? C'est qu'en entrant, je me suis dit : je suis à lui, il est à moi. Veux-tu que j'enlève tout ? Préfères-tu que je garde mon chapeau ? et mes bottes ? Je voudrais ne plus faire que ce que tu veux. Voudrais-tu la cravache ? Veux-tu me battre à mort ? Je n'en ai pas le goût. Je n'ai que le goût d'être à toi et d'être ton jouet. Tu es triste, je le vois, mais je suis folle de joie, je n'en pouvais plus de la lenteur de la voiture et d'avoir eu l'idée, ne pouvant plus dormir, d'aller au bois. Je n'ai jamais souffert d'aimer, je n'ai jamais aimé, mais j'ai déliré pour le temps qui te séparait de moi. Pourquoi, hier, t'ai-je demandé de me quitter ?

— Oui, Hansi, oui, pourquoi m'as-tu demandé de te quitter ?

— Pierre, je voulais savoir. J'étais folle. Je voulais me retrouver seule. Je voulais être seule. Pierre, saurais-tu ce qu'est le jour, s'il ne faisait jamais nuit ? Mais dans la nuit, Pierre, quand j'attendais le jour, l'attente devenait affreuse.

J'étais resté morose. J'étais sourd au gémissement de Hansi, et j'étais malheureux d'être sourd, de ne pas lui ouvrir les bras.

Je crois qu'elle me comprit. Elle s'écria soudain :

— Je l'avais oublié, Pierre. J'y pensais dans la nuit, ne pouvant m'endormir. Tu ne sais rien de moi !

— Je ne veux rien savoir...

— Si je vendais ce corps, m'aimerais-tu, si je m'étais donnée au plus offrant ?

Je répondis d'un ton sinistre et je baissai la tête :

— Ça m'est égal. Tu sais que je t'aimerais quoi qu'il en soit.

— Comme tu es triste. Tu doutais ?

Je gardais la tête basse.

— Que sais-tu de toi ? J'ai eu peur qu'hier soir tu ne m'aies menti pour me quitter.

— Je ne t'ai pas menti. Mais d'une fille qui accepte de dîner dans cet endroit, tu as pensé qu'elle se prostituait ? tu l'as pensé ?

— Je l'ai pensé. Je l'accepterais, mais je perdrais le goût de vivre. Souvent, je perds le goût de vivre.

— Tu le retrouveras si tu m'aimes. Embrasse-moi !

Le haut-de-forme tomba et le bonheur m'anéantit.

Combien de temps dura cet anéantissement voluptueux, je ne sais. Mais Hansi me dit :

— Je n'ai pas de vices, je déteste les vices, mais je ferais mourir un homme de la volupté que je lui donne. Tu sais pourquoi ?

— ...

— C'est que je meurs de volupté.

Nos bouches se fondirent de nouveau dans ce sentiment de joie excessive. A l'extrémité le léger mouvement de la langue atteignait le débordement, le dépassement de toute la vie : l'intensité et l'intimité d'une sensation s'ouvrait à un abîme où il n'est rien qui ne soit perdu comme à la mort s'ouvre la plaie profonde.

— Nous devrions manger, me dit Hansi.

— Nous devrions manger, lui répondis-je.

Mais nous avions perdu le sens des mots. Nous regardant, ce qui acheva de nous troubler fut de voir à quel point nous avions le regard noyé : comme si nous revenions de l'autre monde. Dans le désir à vif, nous n'avions plus la force de sourire.

— Je veux quitter, me dit Hansi, tous ces

vêtements. Viens dans ma chambre et j'irai me changer dans la salle de bains. Tu pourras me parler de ma chambre.

Hansi partageait ma hâte enfantine.

— Je ne sais pas me débotter moi-même, gémit-elle.

Elle dut sonner la femme de chambre. Elle dut montrer de l'impatience et le débotté ne dura pas.

Elle revint dans un léger déshabillé de dentelles. Elle me dit dans mes bras, la bouche déjà offerte :

— Mon corps est tout entier avide de se donner à toi. Tu le sens ? Je ne m'habillerai pas, puisqu'après déjeuner nous nous mettrons au lit... Si tu veux ?

Je compris que dans ce bonheur je devais être malheureux. Hansi pouvait au su de la femme de chambre se donner à l'inconnu que j'étais. L'explication était l'habitude qu'elle en avait. Hansi devança ma curiosité :

— Je suis si amoureuse, si pressée, qu'à peine ai-je pris le temps de te parler. Je t'ai déjà menti. Je m'en suis aperçue.

— ...

— Ne sois pas sombre. Je te l'ai dit, tu n'es pas mon premier amant. Tu seras tout à l'heure le troisième. Mais je te garderai. Je n'ai gardé qu'une nuit les deux premiers. Seulement...

— Seulement...

— Je prétends n'avoir pas de vices, détester le vice, je mens. C'est juste en un sens à mes yeux. Ce n'est peut-être pas un vice. Mais la femme de chambre est bien jolie. Qu'en penses-tu ?

« Tu rougis. Rêverais-tu déjà de me tromper ? Je t'ai dit que j'étais voluptueuse. Tu veux savoir comment je vis. J'ai toute ma fortune et je vis dans l'indépendance, mais si je n'avais pas Loulou, il m'arriverait de me donner au premier venu. Je n'aime pas être seule quand la nuit tombe.

Je gémis :
— Hier soir ?
— Tu es malheureux. Tu es jaloux ?
— Je ne voudrais pas que tu m'aies menti.
— Hier soir, j'ai doublé la potion mais je n'ai pas dormi. Ce matin, pour tromper le désir que j'avais de toi, je rêvais, tant j'étais folle, de me l'envoyer à ta place. Je l'aurais fait, je n'en aurais pas de remords. Je te l'aurais dit, et je n'en doute pas, tu m'aurais pardonné. Mais j'ai décidé d'aller au bois et de venir à bout de son excitation en lançant la folle au galop. Maintenant j'ai tes bras, j'ai tes lèvres et je suis presque nue. Je veux rire avec toi. Si je ne suis pas vicieuse, je suis polissonne, et j'adore rire. Je suis folle d'impatience à l'instant. Mais j'attends que tu n'en puisses plus. Sais-tu ce que dans la salle de bains m'a dit Loulou, très bas, quand elle me débottait. Tu n'imagines pas comme elle est amusante.
— Tu l'appelles Loulou ?
— Loulou, n'est-ce pas, c'est un nom voyant. Je suis tout entière voyante. J'aimerais qu'un jour tu viennes au bois, et que, Loulou et moi, nous nous amusions devant toi : elle est si belle en amazone !
— Loulou ?
— Loulou n'est pas plus que moi femme de chambre. C'est une femme qui s'amuse et jamais nos jeux ne sont innocents.
— Hansi, lui dis-je, je ne sais pourquoi, je voudrais pleurer.

Hansi ne comprit pas que ces larmes, qui, sans doute, me venaient aux yeux, étaient des larmes de bonheur. Je reconnaissais ma sottise et je m'émerveillais de voir la vie dispenser à l'envi avec les délices de l'amour la volupté et la beauté.

— Non, Pierre, je ne te ferai jamais pleurer. Je t'aime à pleurer, pleurer de joie. Ne doute jamais que notre amour ne soit heureux. Mais je suis sur le point d'être nue devant toi. Déjà j'ai le sentiment d'être nue et je veux parler devant toi sans épargner une pudeur qu'il n'est plus temps d'avoir avec moi. Vivons follement : dans un instant, je vais te demander de me prendre. Mais tu ne sais pas encore ce que Loulou me disait dans la salle de bains.

— Hansi, non, maintenant je ne veux pas le savoir.

— Pardonne-moi, Pierre, je suis si folle, si folle de toi, je ne sais plus ce que je dis. Je délire et jamais personne ne m'a mise dans l'état où tu me vois. Si je te parle aussi sottement, c'est que le désir de toi m'affole. Je suis méprisable, mais je suis telle. Je n'en peux plus, je suis comme une furie : renverse-moi !

Elle ne retira pas, elle déchira plutôt les dentelles qui la couvraient : ce fut elle qui me renversa. Elle m'aida moi-même à me dénuder. Nous nous sommes retrouvés déchaînés sur le tapis.

Nous restâmes au lit plusieurs jours absorbés dans ce délire, ne nous couvrant que rarement, si Loulou nous portait les vins, la volaille ou les viandes sur lesquels nous nous jetions. Nous buvions beaucoup de bourgogne afin de restaurer des forces défaillantes. Nous nous disions un soir qu'à la longue nous étions peut-être hallucinés, peut-être fous. Hansi voulait toujours d'autres boissons.

— Je veux savoir ce qu'elle en pense, dit Hansi.

Loulou nous apporta du champagne. Hansi lui demanda :

— Loulou, nous ne savons plus rien. Nous nous demandons ce qui nous arrive. Depuis combien de jours sommes-nous au lit ? Nous allons peut-être nous fondre ?

Loulou répondit en riant :

— C'est le quatrième jour. C'est vrai : Madame me donne l'impression de s'user. Si j'osais, je dirais la même chose à Monsieur.

— A force, dit Hansi, je ne sais plus même où je suis.

— Sans doute, à force de rêver...

— Sans doute : à force de rêver !

Les deux filles éclatèrent de rire.

— Nous allons boire ensemble, dit Hansi. Pierre et moi, nous boirons dans le même verre.

— Madame me permet de la tutoyer ?

Hansi rit de plus belle.

— C'est ça, dit-elle, tutoyons-nous, si Pierre permet.

— Tu t'appelles Pierre ? me dit Loulou.

— Je reviens à la vie, dit Hansi.

— Pierre, dit Loulou, ne pense pas que nous sommes vicieux. J'ai mes vices. La soubrette est plutôt bizarre. Hansi non. Mais il est toujours doux de glisser sur les planches savonnées.

— Je donne à croire, me dit Hansi, même, il me plaît de donner à croire, mais je ne tiens pas toujours.

— A mon tour, dis-je, je reviens à la vie.

Je ne savais pourquoi ce langage équivoque, qui m'énervait, me plaisait.

— Aurais-tu, dit Hansi, la force de rêver ?

— Mais oui, repris-je, je reviens à la vie, mais c'est pour mieux rêver.

— Je devrais vous laisser rêver, dit Loulou.

— Si tu veux, dit Hansi, mais d'abord finis la bouteille, ouvre l'autre et buvons le dernier verre. Nous allons rêver, puis tu reviendras, nous aurons à te raconter de nouveaux rêves.

Loulou but sans parler avec beaucoup d'entrain.

Elle dit en se levant sans même nous voir, sans voir que sous les draps Hansi sournoisement revenait au jeu :

— Madame y pense-t-elle ? Quand la soubrette est d'humeur rêveuse, elle n'a pas toujours envie de rêver seule.

Ce dialogue me déconcerta. Je ne comprenais

plus ce que ma maîtresse attendait de son amie, ni son amie de ma maîtresse. Hansi m'avait si parfaitement apaisé, elle m'avait à ce point abreuvé de plaisir... les malaises du premier jour étaient bien loin. Je ne les désirais pas mais je n'étais pas effrayé des glissements qu'évoquait ce langage et dont la désinvolture de Réa m'avait donné l'exemple. La présence de ma mère les avait liés à l'angoisse mais l'angoisse ne contrarie pas un plaisir qu'elle peut rendre plus aigu. Avec une lente sagacité j'immobilisai dans mes bras la brûlante nervosité d'Hansi : je mesurais le chemin parcouru du jour où j'avais aperçu la première fois ce que m'ouvrait la volupté. Dans le vaste domaine où solitaire et sournoisement je m'étais introduit, je vivais aujourd'hui sans crainte et sans remords. De l'horreur religieuse que d'abord j'avais eue je me servais, je faisais d'elle un ressort secret de mon plaisir. La vie intime du corps est si profonde ! elle tire de nous le cri terrible auprès duquel l'élan de la piété n'est qu'un lâche balbutiement. La piété dépassée n'est qu'ennui. Seules les difficultés, les problèmes de la chair, ses mensonges, ses échecs, ses frayeurs, les malentendus qu'elle introduit, les maladresses dont elle est l'occasion donnent à la chasteté sa raison d'être. Le plaisir génital est le luxe que limitent la vieillesse, la laideur et toutes les formes de la misère. A peine ce luxe me fut-il donné, je vis dans la colère que les prêtres lui opposent une plainte de l'impuissance irrémédiable (que bouscule le mouvement de l'excitation). Ce qui vivait encore en moi d'une religiosité ardente s'associait à l'extase d'une vie voluptueuse, se détachait de l'immense déchet de la souffrance. En peu de temps, le visage que jamais ne transfigurait le plaisir cessa de me sembler vivant, les amusements dissolus me séduisirent, et ce jour-là, j'aurais voulu dire à Loulou de rester là. La pensée de faire l'amour sous les yeux de la jolie fille m'amusait, l'attitude ambiguë de Hansi m'embarrassait. Hansi couchant avec Loulou. Je n'en avais nulle jalousie, mais je voulais savoir ce qu'elle voulait.

Ces pensées ne pouvaient atténuer le plaisir que j'avais dans les bras d'Hansi. Je retrouvai le quatrième jour la même intensité du fleuve délirant de se perdre. Aucune femme ne me donna de cette façon le sentiment inépuisable du bonheur qui s'écoule et ne saurait couler trop vite. La blessure est mortelle sans doute, il n'importe : à jamais !... Dans le moment, je regrettai d'avoir pensé à la malheureuse vie de Loulou qui ne pouvait participer à ce bonheur infini, comme l'était mon amour, plus secret que le fond de mon cœur et plus lucide qu'un meurtre.

J'atteignais le degré de vie violente, Hansi l'atteignait avec moi, où de Loulou j'aurais pu dire : « étrangle-la », « lèche-lui la langue » sans discerner d'abord, dans mon indifférence, le possible de l'impossible, le désirable du risible. Si la foudre me frappait, je n'entendrais plus la mouche qui chante à mon oreille. Je vivais dans la foudre et ne parvenais que lentement à ce point vide où parlant à mon amie, de nouveau j'éprouvai le désir de dire (j'étais entre-temps descendu dans le triste ensablement de la vie qu'abandonna le désir) :

— Tout à l'heure tu voulais me redire ce qu'avait dit Loulou, ce qu'à voix basse elle t'a dit dans la salle de bains.

Hansi me regarda longtemps sans comprendre. Puis elle sembla sortir d'un rêve et me dit :

— Bien sûr. J'aurais dû me séparer d'elle. De toute façon je veux te parler d'elle et te dire ce qu'elle est pour moi, ce qu'elle fut, peut-être.

Elle me sourit. Le charme, une fois de plus, du sourire se changea en douceur des lèvres, la douceur en avidité, puis en violence...

Puis le calme revint. Je lui dis :

— J'imagine que cette fois je suis épuisé. Je suis mort.

— Nous devrions manger, dit-elle. Peut-être est-il l'heure du dîner ?

— Je n'ai pas remonté ma montre...

— Je vais sonner Loulou...

— La sonner... elle est donc ta soubrette... ne m'avais-tu pas dit ?

— Oui. Loulou, c'est ma femme de chambre mais dis-toi... rien n'est si simple...

Hansi fut prise d'hilarité.

— Je voulais, me dit-elle, te fermer la bouche. Je n'en ai plus la force, j'ai vu double. Je vais sonner Loulou.

— Parle-moi d'elle auparavant.

— Je la sonne d'abord.

— Tu me parleras devant elle ?

— Pourquoi pas ?

— Réfléchis !

— Je n'en ai plus la force.

— Parle-moi d'abord de Loulou.

— Dans la salle de bains, ma cravache était sur la chaise, j'avais mes bottes. Loulou regardait la pointe des bottes et m'a dit : « Dommage que Madame, ce matin, n'ait pas ses vices. » Je la sonne, après tout je te parlerai devant elle. Mais c'est plus difficile et je suis morte. Si tu savais, je veux parler, j'ai voulu tout faire avec toi, je veux parler. La canaillerie épuise et l'épuisement me rend plus canaille encore. Je parlerai.

Loulou frappa.

— Entre, Loulou. Je bâille. Ce soir je suis cynique. D'abord nous avons faim, nous voudrions manger, manger et boire. Ensuite tu diras tout à Pierre : que tu aimes ma cravache, que tu n'es pas ma femme de chambre, que nous poussons la comédie trop loin. Je m'endors. Pierre, je suis déjà lasse de ne pas rêver.

— Le dîner n'est pas prêt, mais elle s'endort. Vraiment, Pierre, Hansi ne t'a rien dit.

— Si j'ai compris, j'ai pris ta place, mais Hansi

te cravache et cela te plaît. Cela lui plaît-il aussi ?

— En effet, Pierre, me dit Loulou, tu as pris ma place. En un sens, car Hansi ne m'a jamais aimée.

— Tu penses qu'elle m'aime ?

— Pierre, j'ai eu l'impression d'un cataclysme, elle est entrée dans un si grand délire que j'en suis bienheureuse, si triste que j'en sois.

— Loulou, lui dis-je, tu es belle, je me sens bien sot d'occuper ta place. Je rêve d'un monde où il n'y aurait pas de jalousie. Je crois pourtant que je pourrais être jaloux d'Hansi : je ne l'ai pas été de toi. Je n'ai jamais pensé à ton sujet qu'à ses autres amants, que tu as dû connaître, et j'étais affolé de voir qu'elle n'était pas gênée de me recevoir comme si c'était habituel.

— Mais non, Hansi est presque vierge et je pensais qu'elle n'aimait pas les hommes. Je me trompais, mais elle aime l'amour. Tous les soirs elle voulait jouir. L'autre soir seulement... Je l'ai suppliée de me battre : me battre ce n'était pas te tromper. Elle dort. Dis-moi, serais-tu fâché si elle me battait ?

— Je ne sais pas, je suis si fatigué, je souffre et ne sais plus ce que je pense. Je ne crois pas. Mais, Loulou, jouis-tu si elle te bat ?

— Oui, moi, mais Hansi ne jouit pas.

— Elle ne jouit pas, mais elle s'amuse.

— Non, je suis piteuse, et je supporte tout, cela ne l'amuse pas ; elle est cruelle mais par indifférence, elle ne prend même aucun plaisir à savoir que je souffre, et pourtant elle me désespère, elle le sait. Tu me l'as dit, Pierre, je suis belle : je vis près de vous, comme une bête. Je l'aime depuis la pension. Elle a toujours aimé jouir. Elle jouait avec moi dans notre enfance : elle était la maîtresse et moi la femme de chambre. Elle n'a pas cessé d'être enfant. Nous jouons encore, et maintenant je vis déguisée. Hansi m'a dit que certainement tu n'accepterais pas qu'elle me garde.

— Mais, Loulou, ce n'est pas acceptable pour toi !

— Accepte, Pierre, je serai ton esclave, son esclave et le tien.

— Mais, Loulou, je m'effraie. Je ne sais pas ce qu'en retour tu attends d'Hansi, mais de moi tu n'as rien à attendre.

— Je n'attends rien d'Hansi. Je voulais qu'elle ne cesse pas de me battre. Je sais que c'est fini. Je n'attends rien de toi. Vous pouvez m'inviter à boire...

— J'en étais troublé ? mais je crois que pour toi, ce sera vite intolérable, à moins que...

— ... à moins que...

— Si Hansi voulait encore... avec toi... s'amuser...

— ... tu aimerais...

— Je ne sais pas si j'aimerais, mais si elle aimait, je n'en aurais pas de jalousie.

— Tu n'es pas ennuyé qu'Hansi m'invite à boire ?

— Je crois même que j'en suis, comment dire ? ému. Je n'en ai pas besoin, mais enfin, nous avions abusé, tu es venue, ensuite... Je suis sûr qu'Hansi...

— Gardons-nous le secret. Hansi elle-même est très portée... mais ne veut pas l'admettre. Si parfois elle en plaisante, elle prétend détester... Je suis ravie, Pierre, d'avoir un secret avec toi. Je voudrais t'embrasser la main. Je sais : rien n'est plus assommant que le masochisme. Mais j'en profite, je suis assez jolie pour ne pas fâcher ! Une vicieuse, si elle aime les femmes, est de toute façon très commode. Les hommes sont des maîtres plus sérieux, mais plus encombrants. Les masochistes qui aiment les femmes sont des amies précieuses, à tout faire... Ton amitié m'a fait prendre courage. Sans doute ne rendrai-je pas mon tablier.

— Loulou, va chercher du champagne : si Hansi dort encore, nous boirons à notre amitié. Tu sais que j'aime Hansi, mais je veux que tu saches que je la désire quand tu viens près d'elle.

Loulou apporta du champagne et j'allai m'asseoir avec elle hors de la chambre où Hansi dormait.

— J'ai retiré, me dit Loulou, mes attributs de femme de chambre, mais je les remettrai pour le dîner. Le dîner vous attend.

J'ouvris la bouteille. Je tendis à Loulou son verre.

— Nous aimons la même femme, lui dis-je. Nous allons boire à cette complicité !

Nous vidâmes des verres à la suite. J'étais heureux, je riais :

— Je t'embrasserai, Loulou, mais sur la joue... Tu ne m'en voudras pas : j'ai faim d'Hansi.

— Mais, Pierre, je n'aime pas les hommes ; et ce que j'aime en toi, c'est le bonheur d'Hansi. Or tous les trois nous l'entendons de la même manière. Réveillons-la, je vous porterai le dîner. Nous avons tous les deux parlé de moi, mais d'elle je suis censée ne t'avoir rien dit, sauf, en passant, son aversion pour l'amusement... dont nous n'avons pas voulu parler...

J'allai réveiller Hansi dans la chambre. Et je lui montrai mon entrain.

— Merveilleux, me dit-elle en m'embrassant, mais j'ai trop faim, dînons d'abord.

Loulou nous servit. Nous dînâmes. Je parlais peu, buvais beaucoup. Hansi bâillait. Nous luttions en mangeant contre un sentiment de décrépitude. Nos nerfs du crâne devenaient douloureux : nous n'avions plus rien d'autre à nous dire. Nous mangions, nous buvions dans l'espoir d'endormir une douleur aiguë. Hansi me dit :

— Pourtant, je suis heureuse, j'ai mal aux nerfs des yeux mais je te vois.

— Oui, les yeux me font mal. Je te vois. Le seul

moyen de ne pas trop souffrir est de faire encore l'amour.

— Tu n'en as plus la force.

Je voulus me montrer fier et je lui pris la main : je ne sais si la défaillance ou l'entrée de Loulou me surprirent ou les deux, mais au lieu d'abaisser la main je la baisai. Je me laissai ensuite aller, mes lèvres s'écartèrent, j'essuyai de mon mouchoir la sueur de mon front.

— La souffrance avec toi, lui dis-je, est délicieuse ; c'est pourtant la souffrance.

— Si Madame veut, lui dit Loulou, j'ai mon voile d'infirmière.

— Il nous manque des brancards et des infirmiers, dit Hansi, tu n'y peux rien. Mais nous allons bientôt te demander de conduire aux lits ces vieillards. La syncope, Loulou, j'attends la syncope : c'est tout. Je ris et je te souhaite, Loulou, d'être souvent aussi mourante que moi. Mais je ris jaune et le souhait n'est justifiable qu'au passé. A présent... je n'ai plus la force de manger.

J'étais pâle et je fis d'une main un signe d'impuissance. Je n'avais plus la force de parler.

— Voilà le comble du bonheur ! dit Loulou.

Je grimaçai de ne plus rire — et de ne plus jouir — de l'humeur plaisante de Loulou. De souffrir au contraire de cette complicité convenue, dont j'éprouvai l'horreur. La nausée, le bonheur se confondaient.

Hansi se traîna jusqu'au lit, s'endormit sans attendre.

Mais je ne pus dormir. En vain, souffrant, réfléchissant à ses côtés, je caressai ses fesses, ses reins ; longuement je les regardai. Ils n'avaient pas cessé de signifier le fol excès de jouissance qui paraissait encore les inonder, qui demeurait le sens de leur beauté, qui était dans leur indécence un défi au Dieu chaste que j'avais aimé. Dans ma douleur et dans le sentiment de celle de Hansi, j'opposais cette jouissance à laquelle son contraire avait succédé, cette jouissance ensevelie déjà dans l'obscurité lointaine du passé à cette joie en Dieu que j'avais connue. La douleur présente, me semblait-il, aurait dû s'accorder à la malédiction des corps et de ce bonheur qui nous trompe. Mais souffrant au contraire je me dis dans ma nausée que la jouissance charnelle était sainte : l'extase qui suivait la prière était sainte elle aussi, peut-être, mais elle était toujours douteuse. Je devais me forcer, concentrer l'attention, ensuite elle abondait. Jamais pourtant elle n'atteignait ce degré de surabondance, de force exubérante, qui me dépassait, me laissait suffoquant et criant. Ou, si elle l'atteignait, je devais douter de ce qui avait si étrangement provoqué dans ma tête un dérangement où ces jeux enfantins de l'intelligence participaient. Dans l'extase où Hansi et moi nous étions perdus, d'abord nos ventres nus participaient, puis un amour illimité qui n'avait eu de cesse que nos ventres se dénudassent, qu'ils se libérassent de limites. Cette abolition des limites qui nous laissait l'un en l'autre perdus me paraissait plus profonde que les sermons du prêtre à la chapelle de l'église, me paraissait plus sainte. J'y voyais la mesure de Dieu où jamais je ne vis que l'illimité, la démesure, la démence de l'amour. Ainsi dans ma nausée j'embrassai les fesses de Hansi, ne me sachant pas moins rejeté de la joie qu'elles m'avaient donnée que si la malédiction divine l'avait fait. Mais j'eus, dans ce malheur qui n'était pas profond, la force de me dire : j'aime les fesses de Hansi, j'aime aussi que Dieu les maudisse ; je ris, dans ma nausée, de cette malédiction, qui les divinise si profondément. Elles sont divines, si je les embrasse, si je sais qu'Hansi aime sentir le baiser de mes lèvres sur elles. Je tirai là-dessus les couvertures : je ne vis plus l'objet de mon impuissante passion. Comme un couperet tombe, le sommeil et le rêve soudain me retranchèrent du monde où réellement je vivais : les corps nus près de moi se multiplièrent, une sorte de ronde qui n'était pas seulement libidineuse, agressive, ne s'offrait pas moins au plaisir de dévorer qu'à celui de forniquer, et s'offrant au plus bas plaisir, en même temps, louchait vers la souffrance, vers l'étranglement de la mort. Une telle ronde proclamait que la laideur, la vieillesse, l'excrément sont moins rares que la beauté, l'élégance, l'éclat de la jeunesse. J'avais le sentiment des eaux qui montent : les eaux, ces immondices, et bientôt je ne trouverais plus de refuge devant la montée : comme la gorge du noyé s'ouvre à l'énormité des eaux, je succomberais à la puissance de la malédiction, à la puissance du malheur.

Le développement de mon cauchemar n'a pas eu cette simplicité et, si je me souvins de son début, j'en oubliai la fin. Après cinquante années, je me souviens peut-être, mais seulement d'en avoir été frappé sur-le-champ, à vingt ans. Je ne me souviens pas du rêve lui-même, mais du sentiment qu'il me laissa et que, sans nul doute, je systématisai de mon mieux. J'associais alors l'image que je gardais de la divinité violente à celle de la volupté de Hansi et l'une et l'autre à ces immondices dont la toute-puissance, dont l'horreur étaient infinies. J'avais dans le temps de ma piété médité sur le Christ en croix et sur l'immondice de ses plaies. La nausée suppliciante qui venait d'un abus de la volupté m'avait ouvert à cet affreux mélange où il n'était plus de sensation qui ne fût portée au délire.

Mon insensibilité, ma torpeur morale avaient fait des progrès qui m'étonnaient. Comme si mes nerfs noyés de morphine ne sentaient plus rien. A la religion dont d'abord j'avais cru qu'elle me troublait de fond en comble j'avais même cessé de penser. La jouissance que je lui donnais, le désir de la volupté qui l'ouvrait à moi, le bonheur d'agacer la profonde nudité de son corps, de la découvrir et de m'en troubler, s'étaient substitués au tremblement, au sursaut et à la vision que m'avaient donnés la présence divine, qui jadis me parlait, qui m'appelait, qui me suppliciait.

J'avais eu rapidement des nouvelles de ma mère. Je ne souffrais pas de son absence et quand ses lettres me parlèrent, cyniquement, de la vie qu'elle menait en Egypte, non seulement elle ne me scandalisa d'abord que légèrement, mais elle m'amusa. Je me dis que moi-même, que Hansi... Ma mère devenait frénétique, elle était déchaînée, mais elle me disait qu'elle était heureuse : elle se disait ravie, au lieu de se ranger, de se déranger tous les jours un peu plus. J'aurais pu deviner la raison pour laquelle elle me l'écrivait : mais je l'admirais, je l'enviais et je la remerciais de mon bonheur.

« Ton père, m'expliqua-t-elle un jour, me retenait dans la bonne voie. Je m'efforçais de remédier par une respectabilité affectée au scandale de sa saoulerie ! Aujourd'hui, en Egypte, où je suis inconnue, où je vis même, en dehors du guichet de la poste restante, sous un faux nom, je deviens lentement le scandale du Caire : je suis montrée du doigt, tant j'en fais. Je m'enivre plus discrètement que ton père... mais je m'affiche avec des femmes. Imagine que Réa me modère ! Elle me supplie de sortir avec des hommes. Je sors avec des hommes ! C'est pire ! me dit Réa. Le soir même, je sors avec elle : nous sommes mises à la porte d'un restaurant. Nous nous étions si mal tenues... Je ne devrais pas te l'écrire, mais la belle Hansi me fait savoir que ma dernière lettre t'a fait rire. Il ne m'en faut pas plus. Sur la pente où je suis, j'ai cessé de me retenir : et plus vite je me sens glisser, plus je ris et plus je m'admire. Je m'admire de t'écrire ainsi, et je m'émerveille de penser que ma lettre est digne de toi.

Ta polissonne de mère, bienheureuse de savoir que tu ris et que, Hansi le dit, tu n'es pas moins rêveur que ta mère.

MADELEINE. »

Un peu plus tôt, la lettre m'aurait désespéré. Elle me fit peur, mais aussitôt, je me félicitai de vivre ainsi, dans l'atmosphère de « rêve », inattendue pour moi, mais à laquelle l'insolence de ma mère m'avait voué. A ce moment, je me fis de ma mère une image séduisante, assez proche de la vérité : ma mère avait le droit de se conduire ainsi, je ne pouvais me représenter un être plus tendu, ni plus fort, l'audace même et consciente de l'abîme qu'elle avait défié. Aussitôt, je lui répondis :

« ... Tu me fais peur, maman, mais j'aime avoir peur, au point que, plus j'ai peur et plus je t'aime. Mais je suis triste de penser qu'un espoir ne m'est pas permis : jamais mon audace ne te donnera le sentiment d'être dépassée. *J'en ai honte* et pourtant, il m'est doux de le penser. La seule audace qui m'est permise est d'être fier de toi, d'être fier de ta vie, et de te suivre *de loin*. Mais je commence à peine à me sentir — bien rarement — mal à l'aise de la sagesse toute relative de Hansi. J'en ris sans le lui dire, avec toi. Mais je n'aurais ni la force, ni le goût de la corrompre. »

La réponse vint, en post-scriptum d'une lettre gaie, de la même encre que la première :

« Tu ne pourrais seul corrompre Hansi : ton erreur est de préférer le plaisir à la perversité. Peut-être, un jour lointain, nous tiendrons-nous la main. »

J'aurais dû mesurer la portée malheureuse de la proposition. Mais comment l'aurais-je aperçue ? Aujourd'hui mon inconséquence me surprend. Mes désirs m'agitaient dans tous les sens.

Comme Hansi, je voulais naïvement préserver mon plaisir à l'abri de ces sauts d'humeur angoissés auxquelles ne répondent que les inventions maladives du vice. De telles inventions, comme Hansi j'avais peur. Mais Hansi qui souvent aimait frôler le faisait justement, sûre, au moment venu, de reculer. Le vice me fascinait, maintenant, dans l'espoir du pire, la langue pendante et sèche de la soif. A la fin, je faisais comme elle et je reculais, mais je n'étais jamais certain de pouvoir le faire. J'avais même l'expérience de n'avoir jamais su me retirer à temps. J'aimais Hansi et j'aimais le désir qu'elle avait d'un plaisir continuel, le dégoût qu'elle avait du vice (comme si la volupté pouvait durer sans être un plaisir de l'intelligence, et non des corps, sans être vice.) Je le compris trop tard. Jamais Hansi ne laissait pendre une langue assoiffée : elle aimait un bonheur qu'elle voulait sans ombres, que jamais elle n'aurait cherché, comme les vicieux, dans le malheur. Notre bonheur était précaire, il reposait sur un malentendu. Je lui disais ce que je croyais ma pensée, mon accord profond, mais, dans le même temps, j'écrivais à ma mère, en réponse à des lignes dont j'aurais dû voir qu'elles étaient lourdes de menace : « Ton projet sur notre belle rousse m'a donné, le long de l'échine, un merveilleux frisson. De peur ? d'enchantement ? je ne sais. Je voudrais te tenir la main. »

J'étais fort de l'éloignement de ma mère, je ne la voyais plus qu'à travers un nuage et je vivais dans le présent. Le présent, la « belle rousse », dont, du flot des dentelles, je ferais le soir, émerger les longues jambes et le ventre doré. Hansi me couvrirait des baisers qui m'agaceraient. Je ne la trouvais pas si timide. Mais ma mère réservait un feuillet différent pour me dire ce qui ne devait pas tomber dans les mains de ma grande rousse : « Jamais la grande « ourse » ne saura, écrivait-elle, que le plaisir de l'intelligence, plus sale que celui du corps, est plus pur et le seul dont jamais le fil ne s'émousse. Le vice est à mes yeux comme le rayonnement noir de l'esprit, qui m'aveugle et dont je me meurs. La corruption est le cancer spirituel qui règne dans la profondeur des choses. A mesure que je me débauche, je me sens plus lucide et le détraquement de mes nerfs n'est en moi qu'un ravage venant du fond de mes pensées. J'écris mais je suis ivre et Réa, sous la table, me terrifie. Je ne suis pas jalouse de la grande « ourse », mais je regrette de la sentir plus raisonnable que Réa. »

Hansi recevait en même temps des lettres de ma mère dont l'exubérance hilare faisait à ses yeux passer l'incongruité. Ces lettres ressemblaient à la première partie de celles qui m'étaient adressées.

Hansi avait toujours été fascinée par ma mère, mais s'en était vite effrayée. Elle en riait. Désirant le retour de ma mère, elle ne pouvait comme moi s'empêcher de l'appréhender.

Un jour elle me montra ce qu'elle lui répondait :

« ... Pierre attend le retour de sa mère dans l'impatience et j'attends dans le même sentiment celui de mon amante. (Elle avait la veille de notre rencontre goûté ses embrassements.) Si je n'étais chaque soir dans les bras de ton enfant... je rêverais des tiens, ou de ta gorge de jeune fille. Mais chaque jour je dois m'ouvrir au rêve torrentiel de Pierre (et de même, il n'est pas de jour où je n'appelle son tourment exaspéré). Je suis grâce à toi si heureuse que, je le sais, je devrais te le rendre, mais ce bonheur que je te dois me dépasse : je rirai dans tes bras du rire de la reconnaissance, honteuse des plaisirs que Pierre et moi nous nous donnons, heureuse des plaisirs auxquels t'ouvre un désir insatiable auquel mon désir est mêlé, comme l'étaient nos deux corps d'amoureuses. Je t'embrasse et demande à Pierre de me pardonner. Je le trompe à l'instant dans ma pensée, mais, de même qu'en l'aimant je ne doute pas de t'être fidèle, je lui demeure fidèle en glissant par la pensée ma langue dans tes dents. Mais tu me pardonneras à ton tour si je dérobe, quand tu viendras, mon corps à tes baisers, car à Pierre je réserve le plus précieux. Me priver d'un plaisir est me rendre malade mais m'en priver pour ton petit Pierre, c'est un peu m'en priver pour toi, et c'est me rendre plus qu'heureuse. »

Je ne dis rien : je remerciai Hansi, mais je pensai qu'au lieu de me rendre heureux ce refus qu'Hansi enrobait d'incongruités m'attristait. J'aurais aimé qu'Hansi de temps à autre s'amusât avec ma mère. Je haïssais l'idée de boire avec ma mère, comme elle avait voulu le faire, et de là de glisser insensiblement. Mais quel que fût le cœur serré que me laissaient — pas toujours — les audaces de ses lettres, je les aimais. Jamais je n'avais oublié qu'Hansi était la maîtresse de ma mère. Dès l'abord, ce lien m'avait plu, et maintenant j'aurais aimé qu'il se refît et qu'il durât. Hansi me lisant sa lettre m'avait profondément troublé. Mais encore qu'attendue la fin m'avait déçu : seule la pensée qu'Hansi se promettait de dérober son corps et non sa bouche me consolait. Cyniquement je pensai que ma mère embrasserait Hansi devant moi. Une intimité de la sorte répondait d'autant mieux à mon désir que le refus du corps limitait ce qui m'aurait, illimité, empli d'effroi.

A peine avais-je le sentiment que lentement ma volonté se disloquait et que le retour de ma mère serait le cyclone où, dans l'horreur, tout sombrerait. Mais, au moment, les phrases évaporées de la lettre de la « grande ourse » m'avaient échauffé.

— Je voudrais voir, lui dis-je, où tu es rousse.

Narquoise, elle obéit. Je me dis qu'elle me ressemblait et que, qu'il s'agît de l'une ou de l'autre de ses maîtresses, fût-elle une évocation, leur présence au mauvais moment l'inclinait au « rêve ». A cinq heures, elle ouvrit, ce jour-là, les arcanes de la « porte dorée ». Ce ne fut qu'à trois heures, le matin, qu'elle les ferma. Loulou qui nous servit, puis que nous invitâmes, me demanda le lendemain ce qui nous avait mis dans cet état.

— J'en suis renversée, me disait Loulou. Hansi devant moi, la tête en arrière, avait les yeux blancs. Jamais tu ne l'avais embrassée devant moi. Jamais tu ne l'avais, pour la caresser, découverte si haut. Tu ne voyais plus rien.

— Je ne te voyais plus...

Loulou me souriait, elle releva sa robe. Sa malice et sa gentillesse, la pure ligne des jambes et le charme de l'indécence, enfin sa gravité, son effacement me suggérait, plus qu'un personnage des mille et une nuits, suggérait l'idée d'une jeune fille riche et ravissante, dont un maléfice, la métamorphosant en soubrette, aurait fait une incarnation du désir dévergondé.

J'avais à la longue le sentiment d'un homme heureux, possédant la jeunesse, l'argent et la beauté, s'imaginant le monde et ceux qui l'habitent faits pour répondre à l'extravagance de ses désirs. Je ne doutais plus d'un bonheur auquel le malheur lui-même — et naïvement, j'étais fier de le savoir — ajoutait, comme la couleur noire à la palette, une possibilité de profondeur. J'étais heureux, j'étais au comble du bonheur. Je m'occupais le jour de ce monde insipide à la condition d'en tirer quelque satisfaction puérile ou studieuse — avec une ironie rouée. Le soir tombé, la fête recommençait. Hansi, qui jamais, devant Loulou, n'avait rien admis qu'à la faveur de l'enivrement, admettait à la fin des compromis.

— Après tout, je suis sotte de me gêner, me dit-elle.

Elle sortit d'une armoire un certain nombre de travestis. Loulou vint lui passer l'un d'eux : c'était une robe d'un tissu transparent. Les deux femmes revenues de la salle de bain, Hansi se faisant admirer, Loulou me montra qu'au surplus des fentes permettaient de voir en clair ce que la robe voilait un peu. Je m'étonnais, ravi d'un tel changement.

Mais ayant pris plaisir à l'amusement qu'elle avait accordé, elle était de mauvaise humeur ·

— C'est amusant, dit-elle, à une condition : de s'arrêter à temps.

— C'est bien plus amusant, lui dis-je.

— Promets-moi, Pierre, de t'arrêter à temps ! Je m'ennuyais pendant l'après-midi, Loulou m'a plu. Je n'ai pas eu le sentiment de te tromper.

— Hansi, je suis sûr, au contraire, que ce soir nous nous aimerons plus entièrement.

— Tu as raison, mais je refuse de faire ce que Loulou voudrait. Laisse-nous, Loulou. Je sens l'impatience de Pierre — et la mienne. Je te sonnerai bientôt.

Avant même d'avoir entendu la porte se fermer, Hansi renversée dans mes bras se déchaînait.

— Je t'aime, dit-elle, tu as raison, je vais t'aimer plus entièrement, je crois même que je vais te rendre plus heureux.

Nous entrâmes si profondément dans l'abîme du plaisir que je dis à Hansi :

— Je ne te connaissais pas tout à l'heure et je t'aime un peu plus qu'il n'est possible : tu me déchires et je crois que je te déchire jusqu'au fond...

— Je voudrais boire avant de m'endormir, me dit Hansi. Séparons-nous, je suis sûre que nous serons dans le même état de grâce au départ de Loulou. Habille-toi et donne-moi ma robe.

Elle sourit, tant cette robe était le contraire d'un vêtement, mais elle la disposa de manière à sembler décente.

— Je t'en prie, dit Hansi, même si tu me désires autant que tout à l'heure, ne t'approche pas de moi. Tu sais bien que le jeu me fait peur.

Mais elle ajouta en riant, d'une voix que l'angoisse changeait (elle allongea très tendrement la tête sur ma jambe) :

— Malgré tout, si je me conduisais... un peu mal, tu ne me gronderais pas ? mais n'en abuse pas ! Ce soir c'est moi qui ai tous les droits. Tu veux bien ? Quoique... ne me fais pas aller plus loin que je ne voudrais. Ne l'oublie pas : à peu près toujours j'ai dit non...

Tout à coup, pleine d'un enjouement espiègle, elle s'écria.

— Ce sera sans doute très amusant, puisque nous avons peur !

— Tu pourrais rajuster ta robe, mais c'est peut-être peine perdue, lui dis-je en louchant vers un vêtement qui avait de nouveau un aspect désordonné.

— Que veux-tu ? me dit-elle. Je suis d'une humeur qui t'étonne, mais j'imagine que cela te plaît.

— Je n'aurais jamais cru que cela me plairait tant, mais cela me plaît justement parce que tu es angoissée comme moi et que tu n'irais pas jusqu'au bout.

— Ta voix est rauque ! la mienne aussi. J'entends venir Loulou.

Loulou posa les bouteilles dans la glace. Tout d'abord rien ne me frappa sinon le sourire de Loulou, plus sournois, plus noyé surtout qu'à l'ordinaire.

— Loulou, lui dit Hansi, nous nous amusons aujourd'hui. Tu m'embrasses ?

Loulou glissa sur le sofa et comme elle avait entre-temps mis une robe qui avait les mêmes fentes que l'autre elle en écarta les panneaux en glissant de manière à montrer son derrière nu lorsqu'elle ouvrit sa bouche à la langue vorace de Hansi.

Mais aussitôt Hansi, repoussant Loulou, se leva.

— Cela m'a donné soif, dit-elle.
— Puis-je l'embrasser ? dit Loulou en me désignant.

Furieuse, Hansi se borna à la regarder.

— Mais, Hansi, dit Loulou, personne ne s'occupe de lui !
— Tant pis, me dit Hansi, viens dans mes bras.

Elle s'abandonna si parfaitement dans ce baiser que Loulou partageant l'extase où nous nous fondions s'étendit dans un soubresaut sur le fauteuil voisin.

Hansi la frappa d'un coup de pied assez brutal.

— Nous voulons boire, dit-elle, nous avons terriblement soif.

Et j'ajoutai :

— Oui, Loulou, nous n'en pouvons plus.

Me levant, j'admirai les verres immenses du plateau, que Loulou se précipitant emplit de champagne.

Je jouissais de mon malaise.

— Je veux boire dans tes mains, dit Hansi à Loulou.

A demi accroupie Loulou reçut dans ses deux mains Hansi qui sans s'asseoir s'appuya sur elle : Hansi me regardant s'ouvrant à moi dans ce regard qui cependant se fermait un peu.

Je bus en même temps.

Loulou but, puis remplit les verres. Nous ne parlions plus...

— Je bois encore un autre verre, dit-elle, je ne veux pas être ivre après vous. Puis Madame boira dans mes mains, si Monsieur permet...

De nouveau nous cessâmes de parler. Hansi, de nouveau, s'appuya sur Loulou. Hansi ouvrait les jambes outrageusement ; elle buvait avidement, mais en même temps que moi se reposait en me fixant. Cette sorte de solennité n'était pas respirable.

Quand nous passâmes dans la salle à manger nous étions en même temps déjà ivres mais silencieux. J'attendais. Hansi attendait et Loulou ne me semblait pas de nous trois la moins malade. Par les jupes fendues se laissait voir la possibilité et, qui sait ? l'imminence d'un violent désordre. Mais il suffisait d'un bouton, le décolleté d'Hansi cessa d'être béant. Nous nous assîmes devant un dîner froid servi.

....

C'est ici que le texte devient difficile à suivre. Les trois personnages glissent dans une orgie paroxystique, et Georges Bataille semble hésiter constamment entre le vocabulaire descriptif le plus cru, et les périphrases dont il usait depuis les premiers feuillets du manuscrit. Des additions, en note, n'ont pas de place bien précise, et plusieurs passages, entre crochets mais non rayés, sont incertains. Aucune mise au net de la fin du volume n'ayant pu être retrouvée, on comprendra qu'il nous est impossible, choisissant l'une ou l'autre version, de décider arbitrairement à la place de l'écrivain. Nous donnons donc un résumé de ces 16 feuillets, en y intercalant les passages lisibles les plus importants.
Pierre, Hansi et Loulou, épuisés par leur déchaînement, s'endorment. Pierre s'éveille au milieu de la nuit. Le visage de Loulou porte la trace d'un coup de la cravache de Hansi.

....

Je dormis mal. Quand, au milieu de la nuit, je m'éveillai, je vis que nous étions dans la salle à manger. Eveillé, je compris en reprenant conscience le sens du mobilier exceptionnel de la pièce qu'entourait un sofa de soierie le long des murs. Ce très large sofa était conçu pour les ébats de personnes nombreuses : une porte-armoire permettait à Loulou, s'il le fallait, de débarrasser la table sans quitter la pièce. Je m'étonnais de ma naïveté : nous avions déjà fait l'amour sur ce vaste sofa, mais je n'avais jamais pensé qu'Hansi l'avait fait faire à cette intention. Sur le moment, mal éveillé, et me rendormant devant ces nudités de femmes allongées en désordre, j'avais le sentiment d'un rêve pénible : il me plaisait mais je n'en sortais pas. Au peu de lumière venant d'un ciel où la lune ne sortait que parfois des nuages, j'avais pu revoir le visage de Loulou que sa blessure défigurait. Hansi venait de faire ce qu'elle m'avait dit détester, et que je regrettais souvent qu'elle détestât, mais le mobilier destiné à de telles parties montrait qu'elle en avait l'habitude. Je ne songeais à rien lui reprocher, je l'aimais et j'avais pris le plus grand plaisir à ces jeux : avant de les connaître je les avais aimés par la pensée, mais justement mon goût ne s'était d'abord révélé que sinistrement, dans la solitude devant les photographies de mon père, ou dans des scènes qui m'avaient effrayé, entre Réa, ma mère et moi. Je retrouvais l'état d'esprit qui suivait mes pollutions et qui suivit ma rencontre avec Réa. J'avais la fièvre et, depuis le premier soir où j'étais venu chez Hansi, c'était la première fois que l'angoisse me serrait la gorge.

Dans cet état je m'endormis encore, puis à nouveau je m'éveillai. Hansi pleurait sur le sofa. Elle était couchée sur le ventre et pleurait. Ou plutôt un poing dans la bouche, elle se retenait de pleurer. J'allai vers elle et, doucement, je lui demandai de venir avec moi se coucher dans sa chambre. Elle ne me parla pas, mais elle accepta de me suivre et ce ne fut que dans son lit qu'elle trembla de nouveau retenant ses larmes. Je pensais que le corps endormi de Loulou, le visage

balafré, gisait toujours dans la salle à manger.
— Hansi, lui dis-je, nous ne recommencerons jamais.

Elle ne répondit pas, mais laissa libre cours a ses larmes.

Ce ne fut qu'après un long temps qu'Hansi me dit d'une voix étouffée :

— Pierre, je te dois une explication, mais elle est horrible.

Elle reprit :

— Je l'ai fait malgré moi et maintenant, je sens que tout est perdu... Ta mère...

Elle fondit en sanglots.

— C'est trop difficile... Je n'en puis plus. Je t'aime trop, mais tout est perdu. Laisse-moi !

Elle pleurait sans finir. Enfin, dans ses sanglots, elle me parla :

— Tu savais que j'étais, *que je suis* la maîtresse de ta mère ; tu sais qu'elle a sombré dans ces jeux auxquels nous venons de nous livrer. Jusqu'au jour de son départ elle usait de tous les moyens pour m'y entraîner. Ce n'était pas très difficile. Loulou était toujours à la maison. Elle était depuis longtemps ma maîtresse, sous l'odieux déguisement de la femme de chambre dans lequel elle se complaisait : cette liaison prolongeait les jeux d'enfants où Loulou, dont le caractère était violent, me forçait à la battre et à l'humilier. Il y eut toujours une sorte de démence dans nos habitudes. Loulou me dominait, elle m'imposait sa volonté. Elle n'était contente qu'au moment où elle m'avait mise hors de moi. A ce moment j'entrais dans la rage lucide où tu m'as vue tout à l'heure. Ta mère eut d'autant plus vite la complicité de Loulou que, comme je refusais de me partager, Loulou vit aussitôt dans ces propositions de parties le seul moyen de jouir de moi. Je n'avais accepté, comme je l'ai fait quand nous nous sommes aimés, que de continuer le jeu de la femme de chambre. Mais le pire commença le jour où ta mère m'ayant enivrée parvint à ses fins : ce jour-là je me conduisis de la même façon que tout à l'heure. Et je frappai Loulou devant ta mère !

....

La mère de Pierre a donc entraîné Hansi dans ces débauches collectives. Et maintenant, sur le point de revenir, elle l'a informée de sa volonté : tout doit recommencer, mais cette fois en présence de Pierre.

....

— J'ai refusé, me dit Hansi.
Je m'écriai :
— Bien sûr !
Mais dans mon angoisse subsistait sourdement le désir de répondre à la proposition délirante de ma mère, de ne pas repousser le prodige de malheur et de déchirement qu'elle était. J'aimais Hansi, mais j'aimais en elle la possibilité de sombrer dans l'amour et quelque effroi que j'aie des fêtes troubles de ma mère, de ce que j'en imaginais, dans cet effroi, sa douceur à laquelle se mêlait l'ouverture à la souffrance et le sentiment d'une menace de mort... A peine avais-je dit avec force ces deux mots « Bien sûr », que je sentis non seulement que ma mère m'avait à sa merci, mais que je désirais l'abîme où elle m'entraînait de si loin. A l'idée de perdre Hansi, déjà les sanglots montaient qui m'étouffaient. Mais le souvenir de la nuit d'excès de Hansi me faisait dire en moi-même : « Toi-même, Hansi, ne pourras rester sur le bord ; le même tourbillon t'entraînera. »

....

Pierre et Hansi retournent auprès de Loulou.

.,.............. ....

— Nous voulons devant toi nous égayer, lui dit Hansi. Pour nous tout est fini. Sa mère rentre. Réjouis-toi : nous allons souffrir et nous t'aiderons à partager notre souffrance pour la changer en joie.

Loulou, parlant mal, demanda :

— Quand rentre-t-elle ?

— Nous ne le savons pas, mais déjà la folie s'empare de la maison. Plus mal tu te conduiras et mieux tu répondras à ce qui nous oppresse.

....

Un peu plus tard Loulou me dit :

— Ayez pitié, demandez-moi le pire. Ne puis-je rien faire de plus sale ? Comme c'est dommage ! Pierre, sais-tu comment ta mère s'amusait au Caire ? Ce qu'elle faisait aux hommes, la nuit dans les recoins sales des rues ? Tu n'imagines pas à ta place à quel point je serai fière d'elle, en silence. Elle est sur le bateau maintenant. Mais c'était toutes les nuits : je ne puis pas parler sans m'ouvrir les lèvres, maintenant, je suis heureuse. Ou plutôt je serais heureuse si, mourante, je baisais les pieds de ta mère.

Hansi et moi, nous l'embrassâmes en une sorte de convulsion douloureuse et fiévreuse. Hansi elle-même enfin s'abandonnait et la pensée de ma mère lui donnait la même extase épuisante, malheureuse, souffrante qu'à Loulou et qu'à moi. Nous ne buvions même plus. Nous souffrions — et nous jouissions amèrement de souffrir.

Tout le jour abattus, nous passions d'un sommeil frêle plus qu'au sommeil semblable à la douleur endormie, à une volupté qui était la lie de la volupté. Nous étions confinés dans la partie de l'appartement qu'Hansi nommait secrète, que, du dedans, il était aisé d'interdire et qui comprenait, avec la chambre de Hansi, la salle de bains et la grande salle à manger. Parfois nous nous étendions sur un tapis, parfois sur un sofa. Nous étions nus, défaits, les yeux caves, mais ces yeux semblaient beaux. Comme d'un ressort brisé, il arrivait que nous tirions, par un déclenchement imprévu, le tonnerre d'un tourbillon vide. Nous entendîmes soudain frapper à la porte du couloir.

On avait frappé à l'entrée extérieure de la salle de bains. Sans doute la personne qui avait frappé connaissait-elle bien la maison. Je pensais que depuis longtemps la seconde nuit était tombée. J'enfilai ma robe de chambre et j'ouvris. Personne n'était près de la porte. Mais au fond du couloir, et sous un faible jour, je vis deux femmes, qui semblaient se déshabiller — peut-être s'habiller. L'opération finie, je vis de loin qu'elles étaient l'une et l'autre masquées, sous de superbes huit reflets. Elles étaient en effet habillées, mais n'avaient qu'une chemise et un ample pantalon de lingerie. Elles entrèrent sans autre façon, mais elles ne parlaient pas. L'une d'elle ferma le loquet intérieur. Puis elles passèrent de la salle de bains dans la chambre et enfin dans la salle où elles achevèrent d'éveiller ma maîtresse et sa femme de chambre. Leurs loups et le fard m'empêchaient de les distinguer. Je compris vite que l'une sans doute était ma mère, l'autre Réa : si elles ne parlaient pas, c'était dans l'espoir d'augmenter s'il était possible mon angoisse. Et l'angoisse qu'elles me demandaient était à l'unisson avec la leur. L'une d'elles parla à l'oreille de Loulou qui répéta. Le discours avant tout, me semblait-il, s'adressait à moi. Il s'adressait à mon angoisse. Elles avaient depuis la veille employé le temps à des jeux qui ne les avaient pas moins que nous épuisées. Rien ne restait de l'insolente gaieté qu'avaient ces quatre femmes, dont je ne doutais plus que l'une ne fût ma mère, l'autre Réa. Nous ne sommes pas venues, nous disaient-elles, avec d'autres femmes — ou d'autres hommes — qui nous auraient distraits d'un élément qui nous troublait si profondément.

....

Soudain je me trouvai devant ma mère ; elle s'était dégagée de toute étreinte, elle avait arraché le loup qui la masquait et elle regardait obliquement, comme si, de ce sourire oblique, elle avait soulevé le poids sous lequel elle mourait.
Elle dit :
— Tu ne m'as pas connue. Tu n'as pas pu m'atteindre.
— Je t'ai connue, lui dis-je. Maintenant, tu reposes dans mes bras. Quand mon dernier souffle viendra, je ne serai pas plus épuisé.
— Embrasse-moi, me dit-elle, pour ne plus penser. Mets ta bouche dans la mienne. Maintenant, sois heureux à l'instant, comme si je n'étais pas ruinée, comme si je n'étais pas détruite. Je veux te faire entrer dans ce monde de mort et de corruption où déjà tu sens bien que je suis enfermée : je savais que tu l'aimerais. Je voudrais que maintenant tu délires avec moi. Je voudrais t'entraîner dans ma mort. Un court instant du délire que je te donnerai ne vaut-il pas l'univers de sottise où ils ont froid ? Je veux mourir, « j'ai brûlé mes vaisseaux ». Ta corruption était mon œuvre : je te donnais ce que j'avais de plus pur et de plus violent, le désir de n'aimer que ce qui m'arrache les vêtements. Cette fois, ce sont les derniers.
Ma mère retira devant moi sa chemise et son pantalon. Elle se coucha nue.
J'étais nu et, près d'elle, je m'allongeai.
— Je sais maintenant, dit-elle, que tu me survivras et que, me survivant, tu trahiras une mère abominable. Mais si plus tard tu te souviens de l'étreinte qui bientôt va t'unir à moi, n'oublie pas la raison pour laquelle je couchais avec des femmes. Ce n'est pas le moment de parler de ta loque de père : était-ce un homme ? Tu le sais, j'aimais rire, et peut-être n'ai-je pas fini ? Jamais tu ne sauras jusqu'au dernier instant, si je riais

de toi... Je ne t'ai pas laissé répondre. Sais-je encore si j'ai peur ou si je t'aime trop ? Laisse-moi vaciller avec toi dans cette joie qui est la certitude d'un abîme plus entier, plus violent que tout désir. La volupté où tu sombres est déjà si grande que je puis te parler : elle sera suivie de ta défaillance. A ce moment je partirai, et jamais tu ne reverras celle qui t'attendit, pour ne te donner que son dernier souffle. Ah, serre les dents, mon fils ! tu ressembles à ta pine, à cette pine ruisselante de rage qui crispe mon désir comme un poignet.

Cet ouvrage a été réalisé par la
SOCIÉTÉ NOUVELLE FIRMIN-DIDOT
Mesnil-sur-l'Estrée
pour le compte des Éditions U.G.E. 10/18
en janvier 1997

Imprimé en France
Dépôt légal : 1er trimestre 1973
N° d'édition : 535 – N° d'impression : 37209
Nouveau tirage : janvier 1997